Schreiben, was am Standort so los war

AF281357

Ruth Reimann-Möller

Schreiben, was am Standort so los war

Bann 66 Burg Gebiet Mitte Mittelelbe 23 Magdeburg

Bibliografische Information der Deutschen Nationalbibliothek:
Die Deutsche Nationalbibliothek verzeichnet diese Publikation
in der Deutschen Nationalbibliografie; detaillierte bibliografische
Daten sind im Internet über dnb.dnb.de abrufbar.

Satz, Umschlaggestaltung und Verlag:
BoD – Books on Demand GmbH, In de Tarpen 42, 22848
Norderstedt

Druck: Libri Plureos GmbH, Friedensallee 273, 22763 Hamburg

ISBN 9-783-7597-8076-8

Inhalt

Ruth Reimann, Foto-Schmidt (um 1941)

Vorwort: Vergangenheits-
bewältigung

Östlich der Elbe sollten die Nachkriegsdeutschen
plötzlich keine Nazis, sondern von Geburt an
Sowjetsozialisten gewesen sein. Um der in Gang
gesetzten Gehirnwäsche zu entgehen, siedelte
ich 1946 als Burger Luisenschülerin, Klasse
7, zum Abitur zur Tante in den Westen um.
Der Eiserne Vorhang verhinderte meine Rückkehr. Ich wäre aber auch sonst nicht wieder-
gekommen. Drüben wurden nur die Massenmörder ausgetauscht, Hitler gegen Stalin, und
unser früherer Nachbar Hermann Matern war
Stalins rechte Hand. Wer konnte denn davon
Gutes erwarten!?

Hier, westlich der Elbe, sollten die Nachkriegsdeutschen sich ihrer Verstrickung ins NS-System
stellen und ihre persönliche Schuld an Kriegs-
verbrechen, Verbrechen gegen die Menschlich-
keit und Völkermord aufarbeiten!

Ich war Einzelkind mit dem Wohnungsschlüssel
am Halsband, überbrückte Langeweile zu Hause

mit Schreiben - Tagebuch, Briefe, Schulaufsätze
- und freute mich auf die Zusammentreffen mit
Schulfreundinnen zum „Dienst" beim BDM.
Als die Mitglieder des Bannstabs, Abiturienten
auf Berufssuche, sich 1944 freiwillig zur vor-
militärischen Ausbildung meldeten, wählten
mich meine sechzehnjährigen Mitschülerinnen
auf den freien Posten des Bann-Pressestellen-
Leiters der Burger HJ. Ich verfasste kurze Texte
über dienstliche Veranstaltungen für die Tageszeitung, beendete jeden mit dem Bekenntnis,
die Jugend werde weiterarbeiten, „bis dass der
Endsieg unser ist", und führte mit dem Ein-
kleben von Zeitungs-Ausschnitten die Bannchronik fort.

Für Hermann Matern und Genossen war die
Bannchronik ein Gift, das schleunigst entsorgt
werden musste! Darum gähnt in der Über-
lieferung von Burger Stadtgeschichte ein Loch,
das hinzunehmen mir schwer fällt! Mit der Ver-
gangenheitsbewältigung, dem plötzlichen Ver-
lust von Heimat sowie deren politischer Ent-
fremdung hatte ich mein Lebtag zu tun. Ums
Jahr 2000 ließ ich mein ganz persönliches Burg
in zwei Erinnerungsbüchern auferstehen. Im
Abstand von zwanzig Jahren, komme jetzt auf
dieselben Themen zurück, aber mit dem Schwer-
punkt BDM. Mit der Aufarbeitung meiner

BDM-Karriere anhand persönlicher Unterlagen konnte ich noch einiges Wesentliche zu Gliederung, Personal und Geist des Burger BDM ins Tageslicht zurückholen, wiederum verwoben mit Aufarbeitung von Familienkonstellation, Schullaufbahn, Jugendschwärmereien, meToo-Erlebnis und was ich bei dieser Gelegenheit sonst noch mitteilen wollte. Das alles ist Burger Heimatkunde von unten!

Einstimmung: Alles Nazis?

Also, das kann mich maßlos aufregen: Erst schreien meine deutschen Volksgenossen dem Reichspropagandaminister Josef Goebbels auf seine Frage leidenschaftlich entgegen, »Jaaaa-aaaaa!«, sie wollten den totalen Krieg noch to-taler als total (Berliner Sportpalast, 18. Februar 1943), und hinterher will es keiner gewesen sein. Schäbig! Zwar hatte der Meisterdemagoge die Rede so zugespitzt, dass nur diese und keine an-dere Antwort möglich war. Trotzdem: Wir waren doch alle Nazis!

Oder?

Jedenfalls für mich, Jahrgang 1928, war der »heiß geliebte Führer« von Gott gesandt, um mit seinem/unserem III. Reich das I. Römische Reich Deutscher Nation Ottos des Großen »zu vollenden«. Es ging um den Zusammenschluss aller Deutschen unter einem starken Führer. Saarland, Österreich, Sudeten, Tschechien und das Memelland waren eingegliedert. Das Vater-land hieß jetzt Großdeutschland. Da steigt noch heute der Supermime der Städtischen Bühnen Magdeburg als Kaiser Otto vor meinem geistigen

Auge empor, wie er in Hedlers Schauspiel »Der Goldene Reiter« hoheitsvoll gebietet: »So tretet denn herzu, Herzöge des Reichs, und leistet mir den Treueschwur der Stämme« (Romano Merk, Stadttheater, 4. Februar 1943). Eine spirituelle Verbindungslinie zog sich für mich aus Römertagen zu uns hin. Beim Führerinnen-Schulungsdienst des Bundes Deutscher Mädel (BDM) zum Thema »Deutsche Geschichte« habe ich mein Schulreferat über unsere Magdeburger Ikone noch einmal gehalten, hier eingerahmt von Referaten »Karl der Große« und »Friedrich der Große«. Natürlich: »Adolf der Große« marschierte im Geiste mit! Seinen Lebenslauf konnte jeder auswendig hersagen. Beim Beginn der »demokratischen Umerziehung« in der sowjetisch besetzten Zone (SBZ) 1945 durch Stalinisten diente die Reihe unserer großen Kaiser als Nachweis dafür, dass wir Deutsche schon seit Adam und Eva blutrünstige Militaristen und ein Abschaum der Völker gewesen seien. Insofern traute ich meinen Ohren nicht, als ich kürzlich Außenminister Sergej Viktorowitsch Lawrow über seinen Chef, Präsident und Möchtegern-Zar Wladimir Putin, sagen hörte: »Er hat nur drei Ratgeber, Iwan den Schrecklichen, Peter den Großen und Katharina die Große.« Wir Deutsche waren verachtenswerte Nazimitläufer, damals. Putins Anhänger, die ihm im Krieg gegen die Ukraine heute rauschhaft folgen, werden Patrioten genannt. Immer, wie es gerade passt! Allerdings – Zehnjährige des Jahrgangs 1928 sind 1938 nicht in die Hitlerjugend (HJ) eingetreten in der Absicht, andere Länder zu überfallen und Juden zu töten, womit wir heute gerne gebrandmarkt werden. Wer wusste denn, was bevorsteht!? Niemand von uns braucht sich zu schämen und sich damit herausreden, er sei zum Eintritt gezwungen worden!

Mein Burger Herkommen

Meine Familienangehörigen aus dem Arbeiter-
stand erhofften von der NS-Jugendbewegung eine
Wiederbelebung der Wandervogel-Organisation
ihrer eigenen Jugend. Schüler und Studenten
bürgerlicher Herkunft gründeten 1896 in Berlin eine Bewegung, bei der es um Gemeinschaft
Gleichgesinnter beim Wandern in freier Natur
ohne gesellschaftliche Schranken ging. »Aus
grauer Städte Mauern zieh'n wir durch Wald
und Feld ...« »Zupfgeigenhansel« heißt das le-
gendäre Liederbuch dazu. Reformpädagogik,
Freikörperkultur, Camping und Wassersport sollen hier ihren Ursprung haben. Im Fotoalbum
meiner Eltern gibt es eine Reihe Gruppenfotos
von jungen Leuten auf einer Ausfahrt 1926
nach Dresden und zur Sächsischen Schweiz.
Sie posieren auf dem Marktplatz in Schandau, in
den Schwedenlöchern auf dem Wege zur Bastei,
unter der Linde bei der Burg Hohenstein sowie,
malerisch um einen Felsen herum verteilt, mit
einem Klampfen-Spieler. Ich erkenne meinen
Vater Willy, seine Geschwister, Anna im selbst
genähten lockeren »Reformkleid«, und Richard,

auch deren Cousine Mariechen von der Hausschlachterei Deichstraße sowie Richards künftige Frau, die schöne Else von der Ihlebrücke am Vogelgesang. Elses Eltern waren Kommunisten, demnach Anhänger des Burger Weißgerbers Hermann Matern (1893–1971), der selbigen Jahres (1926) KPD-Vorsitzender in Magdeburg wurde. Warum hat sich meine Verwandtschaft nicht einem kommunistischen Jugendverband angeschlossen? Aus einem einfachen Grund. Junge Menschen aus der Arbeiterschaft hielten sich zum gebildeten Bürgertum, um sich zivile Umgangsformen abzugucken und in Tun und Gesprächen ihren geistigen Horizont zu erweitern. Derweil knüppelte Hermann Matern (1893–1971) in Magdeburg als Saal- und Straßenkämpfer mit erhobener Faust und Rotfront-Geschrei Sozialdemokraten nieder. Ein Verhalten wie der Urmensch! – Doch: »Krieg den Palästen – Friede den Hütten, des wird jenau nischt!«, sagte mein Vater. »Weil: Die inne Hütten, die ham jo keene Kultur!« Eine Abzweigung des »Wandervogel« im Gegensatz zum bürgerlichen Ruderclub war der Burger Kanuklub mit Bootshaus rechts jenseits der Kanalbrücke Niegripper Chaussee. Es gibt ein Bild, da schaut die junge Anna dort aus dem Fenster nach draußen. – Wohl zum Fest der Einweihung des großen Knäckesilos am stadtseitigen Kanalufer 1936 erfreuten die Kanuten die Burger Schaulustigen oben auf der Brücke und an den Ufern ringsum im Abenddämmern mit einer großen Lampionschau nach kunstvoller Choreografie.

Wenn ich sage und schreibe, ich hätte mich im Burger BDM wohlgefühlt, muss ich immer erklärend dazu mitteilen, aus welchem Milieu ich komme, woraufhin Derartiges möglich war. Ich bin als Einzelkind berufstätiger Eltern bei sechs Verwandten der Großelterngeneration in einem geschichtsträchtigen Haus aufgewachsen, Blumenthaler Straße 37. Bauernregel: »Ein Kind wird nebenbei von ganz alleine groß!« Es war das Hauptgebäude einer früheren Ziegelei »Neujork« mit dazugehöriger Saisonarbeiterkaserne »Lange Reihe«, Blumenthaler Straße 36, Geburtshaus von Hermann Matern.

Blumenthaler Straße Nr. 37 / Ecke Marienweg („Neujork")
und Blumenthaler Straße Nr. 36 („Lange Reihe") bis 1967.
(Collage des Häuserblocks nach Einzelfotos von Gerd Müller, im Auftrag, Glückstadt 1984.)

Beim Bau der Schlachthofbörse um 1900 wurden die zwölf Wohnscheiben der Langen Reihe um sechs gekürzt, die verbliebenen sechs für ganzjähriges Wohnen eingerichtet und die abgerissenen in gehörigem Hofabstand als Stalltrakt davorgesetzt. Hier lebten Sparfüchse wie der stadtbekannte Dekorationsmaler Merres unter Stadtarmen, und von der Stadtverwaltung wurden Problemmieter eingewiesen. Um 1900 nahm auf dem Weinberg auch der Wasserturm seine Tätigkeit auf. Also bekamen Nr. 37 und 36 quer auf der Grenze dazwischen ein Nasshaus mit je einer Waschküche hüben und drüben und Spültoiletten. Mein Großonkel, Schuhmacher Carl Specht, im 1. Weltkrieg auch Stadtbote, war letzter Besitzer und Hauswirt des Ensembles. Links kurz durch die Waschküche gelangte man in seine Schuhmacherwerkstatt, die ich noch zu ihren Ruhezeiten zu sehen bekam. Eine grün umrankte Gartenlaube schloss sich dem Neubau an, die für den Besuch seiner amerikanischen Tochter 1936 mit bequemen Ruhemöbeln ausgestattet war. Mit den Obstbäumen und Beerensträuchern von fünf Schrebergärten meiner Verwandten längs des Marienwegs war Neujork ein Schlaraffenland für mich.

Aber unter den Alten gab es kaum geistige Anregung. Es war eine abgeschlossene, stille Welt. Als mein zehn Jahre älterer Hamburger

Vetter Herbert sich erwachsen fühlte, vererbte er mir ein dickes Buch, »Märchen der Gebrüder Grimm«, das hier stationiert blieb. Zu Hause in der Ihlestraße hatte ich Märchenbücher eines jeden Märchendichters, da war dieses überzählig. Es handelte sich hier aber um die Gesamtausgabe, nicht die für Kinder. Die las ich in der Laube x-mal rauf und runter, oftmals mit Gruseln, atemlos. Der spannende Textaufbau mit der magischen Dreierwiederholung! Menschenleben zwischen Himmel und Erde! Erwachsene sind nicht immer gut! Es gibt Mörder! Sogar Massenmörder! Aber den tumben Tor beschützt Gott. – Romantisch, wenn draußen der Regen rauschte ...

Trübsinn überfiel mich oft an Sonntagen in der Ihlestraße, wenn die Eltern nach einem Frühschoppen mit den Maurern in der »Scharfen Ecke« ein Mittagsschläfchen hielten und der Deutschlandsender sich nach der mittäglichen Livesendung abschaltete. In der plötzlich eingetretenen Stille ohne gewohnten Fabriklärm fiel auf, dass die Gartenfreunde in den ehemaligen Waisenhausgärten der Pieschelschen Anstalt zwischen Berliner Promenade und Ihlestraße Kleinvieh hielten. Dann tönten unaufhörlich Hähnekrähen und Gänsegeschrei zum Stubenfenster herauf: »Kikeriki ... quaak, quaak, quaak, kikeriki ... quaak, quaak, quaak!« Wie die

Blöden! Aufreizend! Hörte ich dieses Konzert, bekam ich Furcht, ich verpasste das Leben, verschwendete die Zeit, sei verloren am Ende der Welt.

Mein Burger BDM

Wie freute ich mich, bei der HJ in eine Gemeinschaft Gleichaltriger unter jugendlicher Führung zu kommen! Dass Eltern Vorbehalte gehabt hätten, ihre Kinder dort anzumelden, wüsste ich nicht ... Doch! Meine Mutter ...

Für die vorschriftsmäßige Jungmädeluniform sorgte meine Tante Anna vom Treppengang, Hausschneiderin mit Familienanschluss bei den Burger »oberen Zehn«, im Gedenken an ihren »Wandervogel«, ehe sie Burg per Heirat verließ. Zur Kluft gehörten: weiße Bluse, dunkelblauer Rock mit vorderer Quetschfalte und für den Winter eine lange Skihose, alles mit besonderen Prägeknöpfen. Die braune Kletterweste aus senfbraunem Sportsamt (?), Affenhaut genannt, musste man im Laden fertig kaufen, sie war aber gerade nicht am Markt. In der längeren Wartezeit behalf ich mich gerne mit dem gestrickten Berchtesgadener Jäckchen, obwohl die Wolle kratzte. Alpenländische Trachtenmode, mal was Neues in Burg: Schwarz mit rotgrünen Streifen an Taille und Hals und Kordeldurchzügen hier und da. Das stilvolle Jäckchen passte besser als jedes vorhandene zu unseren sommerlichen Dirndlkleidern mit halber Schürze, die freilich nur ein Abklatsch der echten Salzburger Trachten waren. Warum haben wir eigentlich in Burg keine überlieferte bodenständige Tracht? Die Kletterweste kam wieder in die Geschäfte, ich fühlte mich darin wohl, aber bald passte sie schon wieder nicht mehr. Ich war mit elf Jahren auf 1,65 m ausgewachsen und wurde »die Lange« genannt. Beim Deutschen Gruß mit dem straff nach schräg oben auszustreckenden Arm ragte mehr und mehr Blöße aus dem Ärmel, also hielt ich den Arm beim Grüßen unvorschriftsmäßig krumm. So grüßte gelegentlich allerdings auch der Führer. Eine größere Kletterweste zu kaufen, war kein Thema. Bald wurde eine neue kleidsame Uniformjacke eingeführt, ein hüftlanges Jackett, das zur Genugtuung der Eltern auch die Nieren wärmte, dunkelblau – wunderbar – wie eine Marineuniform. Der kleine schwarz-weiß-rot emaillierte Rhombus, Abzeichen der HJ-Zugehörigkeit, machte sich darauf besonders gut!

Bei den Jungmädeln (JM) blieb man vier Jahre, also bis zur Konfirmation mit traditionell vierzehn Jahren, dann wurde man in den BDM der 14- bis 18-Jährigen übergeleitet. Für noch Ältere gab es die Formation »Glaube und Schönheit«

und für Erwachsene ab 21 Jahren die NS-Frauenschaft.

Der Burger BDM war meine Heimat! Ich kann über den Mädel-Bann nur Positives berichten, mache aber ausdrücklich darauf aufmerksam, dass ein um fünf Jahre jüngerer Landsmann, Dr. Erhard Hayeß, Clausewitz-Gymnasiast aus der Kaiser-Wilhelm-Straße, über den Jungen-Bann völlig Gegensätzliches berichtet: »Der Nationalsozialismus, meine Kindheit in Burg«, masch. schr. Manuskript, 59 S., Berlin 2012, Standort u. a. Stadtarchiv Burg.

Burg gehörte dem Bann 66 im Gebiet 23 Mitte Mittelelbe Magdeburg an. Als Banndienststelle diente das frühere Alters- und Siechenheim »Bethanien«, das wohl dem Zugangsgässchen mit den Resten der Stadtmauer von der Franzosenstraße her den biblischen Namen Bethanienstraße gab.

Banndienststelle der HJ am Hans-Sachs-Denkmal, Betha-
nienstaße, (1933-1945). Jetzt Seniorenzentrum Pro Civitate.
(Privatarchiv Großmeister Dirk Bernsee, Burg).

Mit seinen Ein-, Zwei- und Mehrbettzimmern
sowie Gemeinschaftsräumen jeder Größe fand
ich es für Büros der Bannführung und für

Zusammenkünfte Jugendlicher in jeder Größe ideal geeignet. Es soll aber als Kaserne des Alten Fritzen erbaut worden sein. Auf dem gemütlichen kleinen Platz davor stand das Hans-Sachs-Denkmal, das ich auch noch vor der Tackschen Schuhfabrik Ecke Magdeburger-/Mauerstraße in Erinnerung habe. Wo die Alten und Siechen geblieben waren, hat uns nicht kümmern können. Wie ich heutzutage hoffe, gab es für sie eine neue Unterkunft in der großen Pieschelschen Anstalt, Berliner Straße, gegenüber der Oberkirche »Unser Lieben Frauen«, oder unter ausländischem Schutz bei den frommen Siebenten-Tags-Adventisten in Friedensau. Nach den Jahren der Zweckentfremdung durch die HJ ist das Anwesen jetzt zum Pro Civitate Senioren-Zentrum geworden, das stilvolle Haus aber durch Anbauten verändert (Wiki) oder gar nicht mehr da.

Es hat alles so gut angefangen ... Der erste Bannführer, Walter Meyer, war ein Charismatiker von Person und, wie ich annehme, ein studierter Pädagoge. Die Institution Bann Burg 66, die er bis zu unserem Eintritt 1938 aufbaute, soll Vorbild für das ganze Gebiet Mitte Mittelelbe gewesen sein. Derart verwachsen mit seiner Aufgabe, wurde er nur noch Bannmeyer genannt. Wer tüchtig ist, steigt auf. Als er schon bald nach

Magdeburg zum Gebietsstab abberufen wurde, hinterließ er Burger Jugendliche in Gefühlen des herben Verlusts. Eines blieb aber von ihm zurück. Ein schönes Lied, das er auf der Bann-dienststelle für uns gedichtet (und komponiert?) hat:

»Hart ist unsere Erde,
hart ist unser Brot,
hart sind die Menschen in Freude und in Not.
Wir lieben das Land, das uns geboren,
in dem wir stolz zur Arbeit gehen,
und hat es mancher auch verloren,
für uns ist es Heimat und Heimat ist schön.
He, deutsche Jugend vom Jerichower Land,
Jugend von der Havel und vom Elbestrand.«

Ein Heimatlied schafft Identität! Auch eine potentielle Weltreisende wie Lange Reimann weiß dadurch besser, woher sie kommt und wohin sie gehört.

Nachfolger von Bannmeyer war Bannführer Otto Hesse, ein Wehrmachtsoffizier, der wegen einer leichteren Kriegsverwundung an die Heimatfront zur HJ versetzt wurde. Otto sah respektabel aus: Breecheshose, Schaftstiefel, Portepée. Verwundeten-Abzeichen, Eisernes Kreuz; ein keltischer Typ mit blasser Hautfarbe und Haaren, die ins Rötliche spielten. Er zog ein

Bein nach, war aber kein blessierter, der Ehre verschworener Major v. Tellheim, wie wir ihn aus dem Unterricht zu Lessings »Minna von Barnhelm« kannten und verehrten! Als Jugenderzieher, Ideenverfechter, Beeinflusser habe ich Bannführer Hesse nicht erlebt. Das heißt, er machte wohl Dienst nach Vorschrift. Das Verehrungswürdige an ihm war in den Augen von uns BDM-Mädchen seine mit dem Deutschen Mutterkreuz in Bronze ausgezeichnete Ehefrau. Man sah sie oft, wenn sie von ihrer Wohnung am Ende der Kaiser-Wilhelm-Straße her vier Kleinkinder in einem Handwägelchen durch die Innenstadt zog! Welche Arbeiterfrau wäre mit einem Handwagen losgezogen!? Dass sie sich von einer eigenen Karriere abkoppelte, um Deutschland mit strapaziöser Aufzucht von Nachwuchs zu dienen, nötigte uns Hochachtung ab, auch wenn wir Dasselbe nicht vorhatten – oder hatten wir? Ein Prachtfoto in der Presse damals zeigte den U-Boot-Kommandanten Hans-Diedrich Freiherrn v. Tiesenhausen mit altem Vater und mehreren Brüdern, alle in Uniform und alle mit Doppelvornamen Hans- ...! Meine Freundin Konko aus der Oberstraße und ich fingen an, aus einem Namenbuch elitäre Doppelvornamen zusammenzustellen und entsprechend großartige Geburtsanzeigen zu entwerfen. Konko stammte aus einer ähnlich kinderreichen katholischen Familie, wurde Gemeindeschwester in Magdeburg und heiratete nicht.

In der Mädelbannführung folgte von 1940–1944 auf Helga Graf die damenhafte Hildemarie Köllner, die einen Offizier der Garnison heiratete und als werdende Mutter ausschied. Ihr folgte die junge Mädelgruppenhauptführerin Hannedore Reese aus Danzig, bisher Beauftragte für das BDM-Werk »Glaube und Schönheit« in Genthin.

Bannmädelführerin Hannedore Reese auf dem Sportplatz.
(Schnappschuss von nicht mehr erinnerlicher Herkunft.
Privat 1944).

Der »Dienst« bei den Jungmädeln wurde unserem Jahrgang 1928 von Bannmädelführerin Helga Graf mit einem »bunten Nachmittag« auf dem Schulhof der Diesterweg-Schule, Ende der

Franzosenstraße, schmackhaft gemacht: einen ganzen Nachmittag Singspiele, Kanonsingen, Schunkeln, Polonaise ... nie gekannt! Was für ein Spaß! Abends beim Abschied sagte Helga, dass sie beim nächsten Dienst nicht mehr bei uns sein würde. Wir würden dann Dienst in der Gruppe machen, mittwochs und sonnabends von drei bis fünf. Oder? Mit Ordnungsübungen am Eingang des Bürgerholz auf der Forstchaussee und zwischen weißen Birkenstämmen des Professor-Haake-Wegs ging es im Gruppendienst weiter: »In Linie angetreten, marsch, marsch ...!« Zack-zack macht Spaß, das führten wir gleich in unserer Mittelschulklasse ein. Sowie unser Fräulein Pott den Klassenraum betrat, schnellten wir Mädchen rechts und links seitlich aus den Bankreihen hoch und standen daneben wie eine Eins. – Um Halstuch und Schlipsknoten zu Rock und Bluse tragen zu dürfen, mussten wir zuvor eine kleine Geschicklichkeitsprüfung bestehen: möglichst hoch einen Birkenstamm erklimmen, einen Ball genau durch einen aufgehängten Rahmen werfen und über ein Hindernis springen. Um den Professor-Haake-Weg herum probten wir einmal eine Schnitzeljagd. Nach ausgelegten Zeichen im Wald sollten zwei Parteien einen Schatz suchen, Vorübung für eine kommende Schnitzeljagd im v. Wulffenschen Stiftungsforst am anderen Ende der Stadt. Dort sollten

Jungmädel und gleichaltrige Pimpfe sich gegenseitig suchen. Pimpfe! Ein Schreckenswort!! Nur Hau und Stich, Buff und Krach! Die mit ihrer ewigen Kraftmeierei haben doch einen Stich in der Birne! Ein Rätsel, wie die zu Männern werden können, die man liebt ... Zum Glück haben die Halbstarken uns und wir sie bei der Schnitzeljagd gar nicht gefunden.

Jungmädelgruppe Bodenburg. Marschübung auf der Forstchaussee. (Privat, 1938/39).

Im HJ-Heim auf Kanalhafengelände rechts der Blumenthaler Brücke tobten wir uns zwischen narrensicheren Möbeln aus. Da lernten wir aber auch, dass man einen Raum für die nächsten, die da kommen, ordentlich hinterlässt, und stellten die kompakten Holzstühle stets wieder kopfüber auf die kompakten Tische. Hier, aber manchmal auch auf der Banndienststelle, fand Parteischulung statt. Das Leben des Führers, Verpflichtungslyrik, das internationale Judentum, Landgewinnung im Osten. War langweilig!

Einfach lästig! Theorie eben, gehörte dazu! Man plapperte alles nach, ohne dass man sich groß damit identifizierte. Dem Kleinen Katechismus des Dr. Martin Luther im Konfirmandenunterricht erging es ja auch nicht besser.

Der Dienst bestand zur Hauptsache aus Volksliedersingen und Leibesübungen. Seit 1936 gab es schon das Liederbuch der Reichsjugendführung. »Wir Mädel singen«, sehr ansprechend gegliedert in »Fahrt und Lager«, »Aus allen Gauen«, »Volk und Land« und »Jahreslauf«, handlich, in weißem Leinen, eine Reliquie! Melodien und Singtexte mussten im Dienst geübt werden, ebenso der sportliche Dreikampf mit Laufen, Werfen und Weitsprung, die Staffel- und Dauerläufe verschiedener Langstrecken, die rhythmische Gruppengymnastik mit Ball, Keulen oder Reifen, der Volkstanz. Es gab viel zu tun! Übungsleiterinnen in rhythmischer Gymnastik mögen Sportlehrerinnen gewesen sein, die in der Medau-Schule Flensburg nach neusten Erkenntnissen der Bewegungsphysiologie Rudolf Bodes ausgebildet waren. Das Singen ging von selbst, und es war schön, wenn jemand sicher eine zweite Stimme zur Melodie durchhalten konnte. Singen befreit die Seele, Sport hält elastisch bis ins hohe Alter, und Großveranstaltungen dienten dem Gefühl eines engen Zusammenhalts.

Wie gerne wäre ich mit dem BDM auf Fahrt gegangen! Unsereins Arbeiterbevölkerung reiste aus Geldmangel damals sonst nicht, außer, um mit der Bahn Verwandte zu Familienfesten zu besuchen. Zögerlich gewann die Freizeitorganisation der Deutschen Arbeitsfront »Kraft durch Freude« Zutrauen. Damit reisten meine Familie und einige Nachbarn in einem Sonderzug einmal übers Wochenende nach Ilsenburg im Harz. Überraschung! Was für eine faszinierende, völlig andere Erdformation als unser Urstromtal und die Märkische Heide! Von nun an war ich darauf aus, das, was man im Unterricht lernte, mit eigenen Augen zu sehen: Landschaftsformen in Hessen, Franken, in Österreich, Stein gewordene Geschichtszeugnisse, Bräuche, Sprache und Gestimmtheit der Bevölkerung. Aber aus »Wir sind durch Deutschland gefahren vom Meer bis zum Alpensee« ist leider nichts geworden. Fahrt und Lager blieben ein Traum. Denn es kam Krieg (1939–1945). Ab 1939 tobte der 2. Weltkrieg und eskalierte. In Blitzkriegen eroberten die Deutschen zuerst Polen, dann halb Frankreich, schreckten vor der Landung in Südengland zwar zurück, kontrollierten dann aber weite Gebiete zwischen Nordafrika und dem Nordkap und gingen mit dem Kampf gegen die Sowjetunion auch noch einen Zweifrontenkrieg ein. Das alles hatte doch wohl mit dem Reich Ottos des Großen nichts mehr zu tun? Ich dachte bange: Was wollen wir in so vielen fremden Ländern? Sind wir denn Deutsche genug, dass wir das alles besitzen, verwalten und halten können?

Trotzdem lauschten wir Jugendliche begeistert den mitreißenden Siegesfanfaren der Sondermeldungen im Rundfunk über siegreiche Vorstöße in die Nachbarländer Polen, Frankreich, Belgien, Holland, Italien, Nordafrika, Dänemark, Schweden, Norwegen, Russland. Auf Landkarten steckten wir Frontlinien ab, solange es immer vorwärts ging ... und verehrten die Kriegshelden der Panzer-, U-Boot- und Luftwaffe. Für Wanderfreunde blieb nur das Wanderliedersingen, eine persönliche Bereicherung für mich! Gerne dachte ich mich in wandernde Handwerksburschen, fahrende Scholaren und Ordensritter hinein. Aber: »Nach Ostland geht unser Ritt ...« – ? Niemals! Wenn uns dieses Lied auf aktuelle politische Ziele einstellen sollte, dann war das bei mir vergeblich! »Ostland wartet unserer Pflüge und des Korns aus unserer Hand ...«? Keinen Bock auf Ackerbau und Viehzucht! Schlimm genug, dass meine Mutter in der Haushaltsführung meine Unterstützung brauchte, die mich vom Lernen abhielt! Ehe ich als Kind der Unterschicht unsere eigene Kultur nicht verinnerlicht habe, kann ich keine

Kulturbringerin sein und würde die Unkultur der Fremde mich niederziehen.

Das Haus unserer Großmutter. Privatfoto um 1960

Seit 1936 gingen meine Gedanken in die genau entgegengesetzte Richtung, nach Westen statt nach Osten. Bei Großonkel Specht in Neujork kam die 1911 nach Amerika ausgewanderte Tochter Martha aus Chicago zu Besuch, und zwar benutzte sie die verbilligte Reisemöglichkeit mit den Olympioniken 1936 auf dem Schnelldampfer »Europa« des Norddeutschen

Lloyd. Der ganze Reimann-Clan, ausgehend vor Generationen von Weinbergstraße 9, kam zum Empfang in Spechts Wohnstube und gab der amerikanischen Cousine die Ehre. Seitdem interessierten mich die Ozeane, die Passagier- und Handelsschifffahrt und darauf folgend dann die deutsche Kriegsmarine. Der Kleine Kreuzer »Emden«, ein Schulschiff, befand sich mit Kadetten auf Weltreise. Kommandant war Karl Dönitz. In Ägypten hatten sie einen Stopp, über den die Zeitungen berichteten. Das Burger Tageblatt brachte ein Bild, da kletterten die Matrosen auf den Pyramiden von Gizeh herum. Ihr nächstes Ziel: Ostasien. Auf einem Schulatlas meiner Eltern, den ich in der Wohnung fand, folgte ich ihrer Route durch den »Großen, Stillen oder Pacifischen Ocean«. Zuletzt glaubte ich, dabei gewesen zu sein. Allen Spielfreunden im Marienweg und auch Erwachsenen erzählte ich, mein Vetter Herbert sei mit an Bord und habe die Erlaubnis bekommen, mich mitzunehmen. Dann der Schreck: Im Halbjahreszeugnis steht, dass ich keinmal den Unterricht versäumt habe. Wie kann ich dann nach Kairo und zurück gekommen sein? Diese Scham, Leute belogen zu haben! Ich entschloss mich, Wachträume und Wirklichkeit besser auseinander zu halten. Aber von Weltreiseplänen ging ich nicht ab. Nicht nur Deutschland erkunden, auch die Weite der

Ozeane durchmessen, fremde Länder erleben.
Nach Ostasien! Bloß wie? Selber Matrose wer-
den? Geht als Mädchen nicht! Trübe Aussicht!
Aus Trotz gegenüber meinem ewig bremsenden
Vater verkündete ich, dann würde ich eben einen
Matrosen heiraten, und schloss mit ihm schrift-
lich eine Wette darüber ab.

Großonkel Specht hielt außer dem »Tageblatt
für Burg und die Kreise Jerichow« zwei Wochen-
magazine, die »Berliner Illustrierte« und die
»Münchner Illustrierte Presse«. Wie die Illust-
rierten von 1936 schrieben, dankte König Edu-
ard VIII. von Großbritannien zugunsten seines
Bruders Georg VI. ab. Das offizielle Familienfoto
zeigte den neuen König in seiner schmucken
Marineuniform – unübertrefflich! Solchen be-
deutsamen Vater hätte ich auch gerne gehabt!
An seiner Seite die Königin und zwei Töchter.
Die Thronfolge wurde im Sommer 1937 mit
einer großen Flottenparade von 300 Schiffen auf
der Reede von Spitehead gefeiert. Deutschland
entsandte dazu das Panzerschiff »Admiral Graf
Spee« und den Aviso »Grille«. Wäre ich Matrose
gewesen, hätte ich dabei sein können. Das Abbild von Schloss Windsor schnitt ich aus der Zeitung aus und befestigte es mit einer Stecknadel
an der Tapete neben meinem Bett. »Können wir
denn nicht mal zu Besuch hinfahren?« fragte
ich meinen Vater. Er sagte, dafür hätte unser-

eins kein Geld. Ich brauchte also einen Beruf, mit dem man auf Reisen seinen Unterhalt selbst verdient.

Das Beste an der Berichterstattung war eine doppelseitige Bildreportage »Was sie in England mit zwei kleinen Prinzessinnen machen«. Die mit mir etwa gleichaltrigen Elizabeth und Margaret bekamen eine vielfältige sorgsame Erziehung, auch sogar im Reiten. Bewundernswert! Einige dieser Unterweisungen hätte ich auch dringend gebraucht. Ich werde schon konfirmiert sein, ehe mir jemand mal erklärt hätte, wie man mit Messer und Gabel isst. Fast wurde ich neidisch auf die Prinzessinnen, die, wie man heute weiß, ihre Erziehung teilweise als schwere Quälerei erlebten. Und der prächtige Vater litt an einer psychisch bedingten Sprechstörung, die er tapfer abtrainierte.

Was politische Indoktrination im HJ-Dienst betrifft, so ist mir eine Veranstaltung mit massiver Propagandaeinwirkung in Erinnerung, die sich um 1942 an den ganzen Standort richtete. Stadtauswärts marschierten wir zum Burger Walzwerk in der Gemarkung Troxel, wohl, weil es dort weit und breit den allergrößten Gemeinschaftsraum gab. Hier erlebte ich die erste Unterhaltungsshow meines Lebens. Ein Sketch berührte mich sehr. Zwei ältere Schülerinnen der Luisenschule agierten gekonnt wie das dänische Komikerduo Pat und Patachon, ein kleiner Dicker und ein langer Dünner, um die Repräsentanten des »perfiden Albion« lächerlich zu machen, den langen englischen Premierminister Neville Chamberlain und den kurzen dicken Ersten Lord der Admiralität, Winston Churchill, mit Zigarre. Ich war begeistert! Ach, wenn ich so mimen könnte!

Wir sollten England verachten und hassen. Das konnte bei mir nicht recht klappen. Die Royals! Und sie sind auch noch Deutsche aus Sachsen-Coburg-Gotha! Zu glücklich war ich, die Fremdsprache lernen zu dürfen und dabei etwas von Land und Leuten zu erfahren. Aber es war die Zeit großer Erfolge der deutschen U-Boot-Waffe, die an der Reputation des Zigarre rauchenden Admirals kratzten.

Gleich zu Anfang des Krieges versenkte Kapitänleutnant Otto Schuhart mit U29 den englischen Flugzeugträger HMS »Courageous«. Kapitänleutnant Prien mit U47 drang in einer für unmöglich erachteten Aktion zu dem englischen Heimathafen Scapa Flow auf den Orkney-Inseln vor, versenkte das Schlachtschiff HMS »Royal Oak« und beschädigte ein anderes sehr. Das war von großer symbolischer Bedeutung. Von wegen »Britannia rules the waves« ...

Unabhängig von den Nachrichten sendete der Rundfunk Meldungen über die Erfolge der Wehrmacht zwischen rauschenden Siegesfanfaren und brachte die deutsche Jugend in Hochstimmung. Herms Niel aus Nielebock bei Genthin schrieb dazu einen Ohrwurm: » ... denn wir fahren, denn wir fahren, denn wir fahren gegen Engelland, schrum, schrum«.

Kapitänleutnant Herbert Schultze (1909-1987).
(Jugend-Sammelporträt um 1940/41).

»Tonnagekönig« war Kapitänleutnant Herbert Schultze (1909–1987), Kommandant von U48 in der 7. U-Flottille des Prien-Lehrmeisters Werner Hartmann. Er führte ritterlichen Handelskrieg streng nach Prisenordnung und versenkte

in fünf Feindfahrten 16 Frachtschiffe mit insgesamt 109 074 BRT. Als er den Frachter »Firby«
torpediert hatte, meldete er es per Funk der
britischen Admiralität, gab die Position durch
und stellte anheim, die Besatzung zu retten.
Die schneidigen Kommandanten mit und ohne
U-Boot-Bart wurden von der Propaganda groß
herausgestellt. Der »Verein für das Deutschtum
im Ausland« verkaufte künstlerische Porträt-
zeichnungen von Kriegshelden aller Waffen-
gattungen als »Kameradschaftsopfer«. Davon
kaufte ich eine Menge! Zu den erwähnten Otto
Schuhart, Günther Prien und Herbert Schultze
also auch Werner Hartmann, Engelbert Endraß,
Joachim Schepke, Otto Kretschmer, Heinrich
Lehmann-Willenbrock, Wolfgang Lüth ... Es
gab auch künstlerische Fotoporträts. Aus der
sprichwörtlichen Reihe schöner Männerköpfe
gefiel mir Herbert Schultze am besten. Das lag
aber nicht an Postkarten, sondern am Abdruck
einer offenbar älteren Aufnahme im Burger
Tageblatt: Mittelscheitel und Kaiser-Wilhelm-
Marine-Offiziers-Uniform mit Fliege am Hals.
Altmodisch! Trotz der Wiedergabe auf schlech-
tem Papier glaubte ich, aus den intelligenten Gesichtszügen eine besondere Menschenfreund-
lichkeit und Güte zu erkennen. Den machte ich
zu meinem Übervater und so einen wollte ich
heiraten. Auf meinen Ostasien-Fimmel folgte

der U-Boot-Fimmel. Kapitänleutnant Herbert Schultze, ausgezeichnet mit Ritterkreuz zum Eisernen Kreuz mit Eichenlaub, saß nun täglich als Phantom in »Ihle 13« bei mir am Esstisch in der Wohnstube und fragte mich Vokabeln ab, hörte sich meine Referate an und erwog mit mir schicksalhaftes Für und Wider, auch in Sachen aktueller Techtelmechtel, die sich in meinem 17. Lebensjahr plötzlich andrängten. Ich dachte: Was ist denn jetzt los? Er war der hohe Maßstab oder was ich dafür hielt ...! Bis in mein 19. Lebensjahr begleitete mich der Hochdekorierte, Tag und Nacht. In meiner zweiten Heimat im Westen, Glückstadt an der Niederelbe, musste das Phantom abgeschafft werden. Ich kam in eine Oberschule für Jungen. Die Einheimischen in meiner durch Ostzuwanderung gemischten Klasse waren sechzehnjährig im totalen Krieg bei der schleswig-holsteinischen Küstenflak Marinehelfer gewesen. Die hätten sich schiefgelacht, hätte ich mich mit »Kaleunt« Schultze verplappert. Ein Marineoberhelfer davon tippte mir auf die Schulter und sagte: „Hier bin ich!", Hans-Reimer, der sich als mein Psychiater bewährte. Wir waren, bis er 2014 starb, fast 60 Jahre verheiratet und haben vier Kinder. Die Wette mit meinem Vater – ich heirate einen Mariner – war damit gewonnen, wenn auch nur mit Ach und Krach.

Zehn Jahre nach Kriegsende zog die Bundeswehr in die Glückstädter Marinekaserne ein. Fregattenkapitän Herbert Schultze wurde für einige Jahre Kommandeur der 3. Schiffsstammabteilung der Garnison. Leibhaftig zu Gesicht bekommen habe ich ihn nicht, aber von ihm sprechen gehört. Sein Spitzname war »Papa Schultze«, weil er sich um seine Besatzungen und Lehrgangsteilnehmer stets väterlich kümmerte. Unheimlich, dass ich als Kind aufgrund einer schlechten Abbildung aus den Gesichtszügen richtige Schlüsse gezogen haben sollte! Er starb im Land seiner früheren Gegner, in England. Was sagt uns das über »Feinde hassen«?

Anlässlich einer Feierlichkeit der Bundesmarine in den Siebzigerjahren war Papa Schultze als Ehrengast hier ins Casino eingeladen. Unter Glückstädter Zivilisten stand ich mit dem Sektglas in der Hand zehn Meter vom Prominententisch entfernt, habe aber davon abgesehen, meinen früheren ständigen Begleiter leibhaftig aus der Nähe zu betrachten. Das Phantom sollte Phantom bleiben und die Person nicht durch Stalken behelligt werden! Natürlich hat die verpasste Gelegenheit mich hinterher geärgert. Kapitän Werner Hartmann ist in Glückstadt sesshaft geworden. Seine Enkel gingen mit meinen Kindern zum Detlefsengymnasium. Er und enge

Verwandte wurden auf unserem Nordfriedhof beerdigt. Erst kürzlich hat man die Familiengrabstätte aufgehoben.

Den U-Boot-Fimmel meiner Jugend trug meine Umgebung mit. Meine Eltern schenkten mir zu Weihnachten das Buch »Mein Weg nach Skapa Flow« von Günther Prien. Sogar mein Klassenlehrer Dr. Tschersig ging darauf ein: Wenn er meinte, dass ich mich besser am Unterrichtsgespräch beteiligen sollte, fragte er: »Was sagt man, wenn ein U-Boot auftauchen soll?« Darauf ich: »Pressluft auf alle Tauchtanks!« Wigberta aus meiner Klasse verehrte mir einen Kunstdruck »Kommandant Herbert Schultze in Ölzeug auf der Brücke«, der einem Hochglanzmagazin ihrer deutschnationalen gottgläubigen Vegetariereltern beigefügt war, wahrscheinlich der angesehenen Publikation »das Reich«. Später als ehrenamtliche Betreuerin des Stadtarchivs Glückstadt konnte ich ihn passend dem Bestand Marinegarnison zuordnen.

Auch Franzosen zu hassen, fiel mir schwer. »Französisch ist wie Musik«, sagte meine Mittelschullehrerin Helene Scholz. Besonders liebte ich die Nasallaute auf »i«: »Martin est invité par son cousin.« »Du kannst ja mal Nachrichtensprecherin im Rundfunk werden«, lobte Fräulein Pott. Immerhin: Einer Kolonne französischer Kriegsgefangener, die regelmäßig unter Be-

wachung von der Badeanstalt her durch den Flickschupark geführt wurden, versuchte ich höhnisch
blasiert entgegenzusehen: »Untüchtiges Volk, das
sich hat von uns besiegen lassen müssen!« Einmal hörte ich, was sie untereinander sprachen:
»La petite ...« Meinten sie mich?

Zur Abschlussprüfung auf der Pädagogischen
Hochschule Flensburg teilte mir mein Prof. Ivo
Braak das Thema zu: »Das Bild des Menschen
in der Dichtung von Antoine de St. Exupérie« –
als es Sekundärliteratur darüber überhaupt
noch nicht gab. Ach du mein Schreck, ein Flie-
ger, kein Matrose ... Nun aber der Weltreisen
genug! Toulouse-Casablanca, Toulouse-Dakar.
Neu York-Feuerland, Paris-Saigon ...

Antoine Vicomte de Saint-Exupérie.
(Französische Banknote, gemeinfrei).

In „La citadelle", 1948, deutsche Übersetzung „Die Stadt in der Wüste", 1951, hat man aus nachgelassenen Aufzeichnungen zusammengestellt, was der Flugpionier und Poet (1900-1945) auf einsamen Langstreckenflügen zwischen Himmel und Erde über ein gutes Zusammenleben der Menschen, Zivilgesellschaften und Völker meditiert hat. Seine Gedanken waren für die Besinnung auf die Würde des Menschen und die anstehende demokratische Umerziehung hervorragend geeignet!

In den Neunzigerjahren bekam ich als ehrenamtliche Stadtarchivarin ein Anliegen der französischen Botschaft Hamburg zu bearbeiten. Die 1945 in Glückstadt geborene Tochter eines französischen Kriegsgefangenen und einer polnischen Zwangsarbeiterin wollte in Glückstadt den Spuren ihrer Eltern nachgehen, Marie-Jeanne aus Marseille. An der wollte ich meine Verächtlichkeit gegenüber der Burger Franzosenkolonne wiedergutmachen. Ich besorgte ihr also einen großen Bahnhof mit zwei Dolmetschern und Empfang beim Bürgermeister. Das gute Ende: Alle Beteiligten wurden zu Freunden und besuchten Marie-Jeanne in Marseille, auch ich. Der verwitwete Bürgermeister hätte sie gerne geheiratet. Nach Ostasien bin ich nicht gekommen, aber Marie-Jeanne hat mein Leben sehr bereichert. Sie begleitete mich zur Besichtigung der Gefängnisinsel Château d' If vor Marseille, in dem Alexandre Dumas' Roman »Der Graf von Monte Christo« spielt, und fuhr mit mir per Ausflugsschiff zu den Calanques über St. Exupéries Absturzstelle und Grab vor der Insel Riou.

Marseille: Hafen mit Notre Dame de la Garde.
(Mail von Marie-Jeanne 11.02.2024.)

Zurück in die Gemarkung Troxel:

An weitere Darbietungen der bunten Revue erinnere ich mich nicht. Sollte dabei auch zum Hass gegen Sowjetrussland aufgefordert worden sein, so hätte es meinerseits dessen nicht bedurft. Nach dem, was ich bei den Alten an Schauergeschichten mit anhören musste, war ich schon als Kind fertig mit Russland, auf immer und ewig! Die Russen haben den Zaren und seine ganze Familie erschossen, auch die Kinder, und ein Blutbad angerichtet, desgleichen die Bolschewiken der Russischen Revolution. Ihr Ziel: Weltherrschaft! Sowjets – nein danke! 1936 war in der Sowjetunion die Zeit der Stalinschen Säuberungen. Genickschüsse räumten Andersdenkende aus dem Weg. Vor Bolschewismus bewahre uns Gott – wenn es ihn gibt ...! Um Bolschewismus von Deutschland fernzuhalten, war ich zu jedem Einsatz bereit, und das war es auch, was den Großteil meiner Volksgenossen zum Russlandfeldzug motivierte. Die Internationale erkämpft das Menschenrecht mit Genickschüssen. Sehr merkwürdig, dass das in der Nachkriegs-Betrachtungsweise gar keine Rolle mehr spielt. Nach Materns Lesart sollten wir in der Sowjetischen Besatzungszone die russischen Besatzer sogar als Freunde herbeigesehnt haben. Sowjets als Befreier vom Nazijoch hofieren zu müssen, hätte mich krank gemacht! Darum habe ich mit den Füßen abgestimmt und bin zu Tante Anna in den Westen gegangen.

»Wir alle helfen unserem Führer«, war Thema eines Schulaufsatzes in der Mittelschule, in dem ich eine Geldsammelaktion launig als wahre Orgie beschrieb: In langen Kolonnen reihten sich HJ und BDM in Dreierreihen längs der Grünstraße an, um zu zweit, nach und nach, aus einer Dienststelle Ecke Blumenthaler Straße (Schlageterstraße) Sammelbüchse,

Bestimmungskarte für einen Sammelbezirk und Plaketten in Empfang zu nehmen: 50 Stück Weihnachtsbaumbehang für je 20 Rpf. Es war bitterkalt. Unsere Bestimmungskarte wies uns Zerbster Straße 19-35 für Haustürsammlung zu, danach war Straßensammlung angesagt. Ich machte mich mit Freundin Irmi auf den Weg, die Sanfte, die sich hier von einer ganz neuen Seite zeigte, geschäftstüchtig bis zur Raffinesse! Auf dem Hinweg hielt uns schon ein Herr an, der sich fünf Teile aussuchte. »Die kosten heute 30 das Stück«, sagte Irmi, und er, halb verwundert, halb belustigt: »Na, ihr seid gut!«, und zahlte 30. Derart ermutigt, führte Irmi noch eine Verbesserung ein: »Der Weihnachtsmann kostet jetzt 50 Rpf., denn er ist so schön groß, der Weihnachtsengel 40 Rpf. und alles andere 30!« Gelegentlich schossen wir auf Passanten auf der anderen Straßenseite los. Ein Herr kramte lange in unserem Vorratskarton, bis er das Richtige fand, dann musste ich ihm die Plakette mit klammen Fingern ins Knopfloch knüpfen. Irmi holte flugs noch eine Plakette hervor, hielt sie an die andere und sagte: »Die können Sie doch auch noch nehmen, die passt so schön dazu, die kostet aber 70.« Jetzt durchschaute der Herr den Schwindel. »Ach, bei euch ist alles teurer? Dann gebt mal her, ihr Krabben.« Eine Mark steckte er für zwei Plaketten in die Büchse. Eine Frau wollte die ganze Serie von sieben Plaketten auf einmal kaufen und bestand auf 1,40 RM. »2,40!«, konterte Irmi und blieb hart. »Na, dann habt ihr hier den Rest«, sagte die Frau böse, »und nun macht, dass ihr wegkommt!« »Sag du doch auch mal was!«, forderte Irmi mich auf. »Frechheit siegt« war nicht mein Ding, aber stolz war ich dennoch, als wir nach Methode Irmi mittags über 20 RM auf der Dienststelle abliefern konnten. Am Nachmittag ging die Sammelei mit Unterstützung durch den Fanfarenzug und Plakatwerbung weiter. Diesmal war uns ein Abschnitt der Kaiser-Wilhelm-Straße zugeteilt. Hier wohnte unser Fräulein Pott. Auf unser Büchsenklappern im Flur öffnete sie schon die Wohnungstür, lud uns zum Aufwärmen ein und fragte nach unseren Erlebnissen beim Sammeln. Ich berichtete, die Leute hielten uns manchmal von selber an, aber manche wollten sich nicht beteiligen und guckten einfach weg. Diese Unbelehrbaren müssten aussterben. Bald hatten wir unsere zweiten fünfzig Plaketten auch verkauft, aber einmal in Fahrt, mochten wir noch nicht Schluss machen. Also bummelten wir »die Schartauer« (Adolf-Hitler-Straße) auf und ab, wo auch viele andere Zweiergruppen unterwegs waren. Jedem Erwachsenen, der uns begegnete, hielten wir die Büchse unter die Nase: »Bitte, nur einen

Pfennig!« Und weil es sich nicht lohnte, für einen Pfennig die Geldtasche herauszuholen, bekamen wir meist mehr. Auf dem Weg zum Abrechnen begegneten wir denen, die schon abgerechnet hatten. »Na, wie viel hattet ihr?« »17,45!« »Och, mehr nicht?« Dann kam Erika, an deren Person ich mich nicht mehr erinnere. Die hatte 40,57 RM gesammelt. Wir brachten es auf 37,48 RM, also als Hilfe für den Führer im Ganzen auf etwa 60 statt 20 den Tag.

Zum Jungmädeldienst gehörte, im Reservelazarett Diesterwegschule die verwundeten Soldaten in ihren Betten mit Gesang und Scharaden zu unterhalten. Wir schrieben ihre Briefe an Fräulein Braut, fragten nach ihren Wünschen und kauften für sie ein. Jedes Jungmädel hatte auch einen oder mehrere Feldpostsoldaten, an die sie Briefe mit Grüßen aus der Heimat schrieb und gelegentlich auch ein Liebesgabenpäckchen. Was aber, wenn der Mann im Schützengraben den Kontakt persönlich nahm, plötzlich zu der minderjährigen Brieffreundin mit gewissen Hoffnungen auf Urlaub kommen wollte, ja, sie sich sogar als seine Braut erträumte und sich nach dem Krieg aus der Gefangenschaft zu ihr entlassen ließ?

Im Rückblick erscheint mir der HJ-Dienst als Anreihung von Kriegshilfsdiensten, die von der HJ durch die Schulen klassenweise organisiert wurden. Dazu kann ich aus zwei Schulen berichten. Das kam so: Als unsere geliebte Mittelschullehrerin Elisabeth Pott nach drei Schuljahren Burg wieder verließ, nutzten Marlis' und Gittys Eltern die Zäsur, ihre Töchter auf die Luisenschule (Oberschule für Mädchen) umzumelden, und schnackten mich hinterher. Marlis' Mutter und Musiklehrerin Roek waren meine Befürworter und Stützen. Ihnen war ich sehr dankbar. Ich brauchte das Abitur aus Familiengründen. Meine Eltern und engsten Verwandten waren das gesellschaftliche Schlusslicht der bei Carl Specht und Tochter Martha versammelten Weinbergsippschaft von ehemals zünftigen Tuchmachern und gutverdienenden industriellen Handschuhmachern, die anfingen, in bürgerliche Berufe einzumünden. Zur Selbstbestätigung glaubten sie, sich von Fußlahmen distanzierten zu müssen. Mit meinem Abitur, wie sie es ja nicht hatten, wollte ich den Stolzen vermasseln, weiter geringschätzig auf uns herabzusehen. Aber das kostete! Mit der Erinnerung an dreieinhalb glückliche Schuljahre ließ ich eine handvoll fast geschwisterlich liebe Freundinnen auf der Mittelschule zurück.

Mittelschulklasse Pott.
Rast am Wandertag, Pietzpuhler Weg (?)
(Privat, um 1940).

Schulklassen halfen zwei oder drei Tage hintereinander beim Rübenverziehen im Frühjahr
und beim Kartoffelnaufsammeln im Herbst.
Es kann aber sein, dass in der Ackerbürger-
stadt Burg Jugendliche schon immer zu dieser
Arbeit herangezogen wurden, z. B. auf dem Gut
Stresow. Feldarbeit in Klassengemeinschaften
war nie eintönig. Wir aus Klasse Pott arbeite-
ten reihenweise um die Wette und erzählten
uns den Inhalt von Filmen dabei. Einmal ver-
sank Anneliese weit vor mir mit einem Bein in
einem Modderloch. Mit Hurra hievten wir sie da
heraus, aber ihr Stiefel blieb stecken. Was für ein
Spaß! Essen wurde uns aufs Feld gebracht, und

am Ende hatten wir erstes Geld verdient. Es gab wohl 2 RM den Tag. Als ich einmal stolze 7 RM beisammen hatte, kaufte ich mir, um sie wertbeständig anzulegen, beim Optiker Beyroth in der »Schartauer« eine Sonnenbrille. Bis an die Pädagogische Hochschule Flensburg begleitete mich das Andenken an zu Haus. Dort am Strand wurde es mir gestohlen. Erntehilfe leistete ich gern auch auf dem Bauernhof meiner Mittelschulfreundin Ursula in Schartau. Aus Schartau brachte ich stets ein Stück Butter oder ein geschlachtetes Hähnchen mit nach Haus. War ich mit Ursula auf dem Acker allein, wiederholten wir aus dem Gedächtnis Sentenzen aus Dramen, die Fräulein Pott uns als Lebensregeln empfohlen hatte, wie: »Die Axt im Haus erspart den Zimmermann!«, aus Schillers »Wilhelm Tell«. Wenn wir sie fänden, sollten wir sie in unserem Reclam-Heft unterstreichen. Nach Lehren aus Lebensschicksalen grimmscher Märchenfiguren, dann der Sagenhelden Gudrun, Kriemhild, Siegfried, Dietrich von Bern ... suchte ich jetzt zur Selbsterziehung Leitlinien aus geflügelten Worten der Dichter wie Schillers:

»Immer strebe zum Ganzen, und kannst du selber kein Ganzes werden, als dienendes Glied schließ an ein Ganzes dich an.«

Und:

»Ans Vaterland, ans teure, schließ dich an.

Das halte fest mit deinem ganzen Herzen.

Hier sind die Wurzeln deiner Kraft.

Dort in der Welt stehst du allein,

ein schwankes Rohr, das jeder Sturm zerknickt.«

Schließlich legte ich eine Sammlung von Bonmots in einem Vokabelheft an: »Wir müssen die Kraft haben, in Gegensätzen zu denken,« (Moeller van den Bruck).

Eine unerschöpfliche Quelle von Sentenzen war Direktor Dr. T., der im Unterricht damit um sich schmiss: Der Oberschulrat, Kulturdezernent der Weimarer Zeit (SPD) in Breslau, der von den Nazis nach Burg strafversetzt wurde, benutzte Sprüche der Dichter, um zum Tages- und politischen Geschehen seine Meinung laut zu sagen. Tote Dichter konnten nicht strafversetzt werden. Bedenkenswert: »Wer sich nicht selbst zum besten haben kann, der ist gewiss nicht von den Besten.« (Goethe). Eine Abschrift von der tschersigschen Sprüchesammlung habe ich schon dem Burger Stadtarchiv als Beitrag zur Charakteristik dieses Burger Prominenten zugestellt.

Eines Tages zitierte Dr. T. zum Thema üble Nachrede in Burg, das ihn selbst betraf, ein Spottgedicht von Theodor Fontane, in dem dieser unsere lieben Burger Kirchtürme als ehrabschneiderische Krebsscheren beschreibt: »Eine Roma ihrer Zeiten liegt auf sieben Hügeln Burch ...« Was für ein Vergnügen für Pubertierende, das »öde Kaff« Heimatstadt derart geistreich heruntergeputzt zu erleben, sodass es schon wieder schmeichelhaft ist! Auf Nachfrage bei den Mitschülerinnen bekam ich den ersten Gesang vollständig zusammen. Ein Juwel! Es handelt sich aber um ein ganzes bitterböses Epos, »Burg an der Ihle« – Federzeichnungen«, in dem der junge Fontane, zeitweilig Provisor der Adler-Apotheke Ecke Deichstraße/Breiteweg, die Burger Bürger und ihre Repräsentanten als hinterwäldlerisch genüsslich in die Pfanne haut. Später genierte er sich dafür und hielt den Text zurück, sodass Burger Zeitgenossen ihn nicht wahrnehmen konnten. Erst der Sohn veröffentlichte das wenig Schmeichelhafte im Halle-Burgschen Kurier, den aber nur Intellektuelle lasen. Eine sich vor dem Krieg bildende Burger Fontane-Gesellschaft müsste den Text gekannt haben, sie schlief aber wohl wieder ein. Wie ich es sehe, sorgte erst Dr. Tschersig mit seiner Erwähnung im Unterricht für ein Bekanntwerden und Fortbestehen in Burg. Jahrzehnte später, als Wossi, der ständig an die Ossis in der Heimat denkt, spürte ich den giftgrün eingebundenen Gesamttext im antiquarischen Handel auf und schenkte ihn dem Stadtarchiv zum Einschleusen des Inhalts ins Burger kollektive Gedächtnis, mit bemühtem Glossar! Das scheint gelungen! Erfreulich, dass Burger sich heutzutage selbst zum Besten haben können.[1]

Zum Ernteeinsatz nach Wahlitz bei Gommern mit Freundin Irmi aus einer Nebenerwerbslandwirtschaft Parchauer Chaussee nahm ich wohlweislich ein Maßband mit, von dem jeden Tag ein Zentimeter abgeschnitten werden sollte, zum sichtbaren Zeichen und Trost, dass die Zeit der geistigen Ödnis auf dem Dorfe immer kürzer würde. Doch endete dieser Kriegseinsatz, da war das Maßband fast noch ganz. Der Bauer schickte mich als untüchtig nach wenigen Tagen ganz einfach wieder nach Haus. Irmi behielt er da. Wie ich bei der Arbeit neben ihr versagt haben kann, ist mir total entfallen. Ich weiß aber, der Bauer gab sich Mühe, mich anders einzusetzen. Mit einer fleißigen, misstrauisch beobachtenden alten Landarbeiterin ging ich auf einen Acker zum Flachsraufen. Es herrschte eine derartige Gluthitze, dass ich als Kind der Ihlestraße nur noch »Badeanstalt« denken konnte. Und auch die letzte der Möglichkeiten sagte mir nicht zu: Mit Kleinkindern auf dem Hausboden spielen.

---

1 https://www.volksstimme.de/lokal/burg/fontane-litt-in-burg-1018192

Ich kannte keine kleinen Kinder, hatte nie damit zu tun. Und außerdem: Wer hätte früher denn mit mir gespielt?! – Die Banndienststelle reagierte auf den schmachvollen Abbruch nicht. Der Bauer wird ihn auch nicht gemeldet haben, denn Irmi arbeitete bestimmt für zwei.

Mit meiner Klassengemeinschaft der Luisenschule ging ich zum Kriegseinsatz einmal auf einem Acker nahe der Knäckefabrik auf Kartoffelkäferjagd. Engländer hatten angeblich die Schädlinge aus Flugzeugen abgeworfen, um unsere Ernte zu vernichten und Deutschland auszuhungern. Wir sollten die Käfer vom Kraut absammeln, haben aber keine gefunden. Urplötzlich brausten feindliche Tiefflieger über uns hin. In Panik warfen wir uns zwischen die Furchen und erwarteten, dass gleich mit Maschinengewehren auf uns geschossen würde, wie anderenorts passiert. Ich bereitete mich vor zu sterben, und es bewahrheitete sich, was ich gelesen hatte: Blitzschnell lief mein Leben wie ein Film vor meinen Augen ab und hielt abrupt an: bis hierher und nicht weiter! Als wir bemerkten, noch am Leben zu sein, flüchteten wir in ein nahes Gebüsch, das uns für den Schrecken reichlich entschädigte. Es war eine Plantage mit reifen Kirschen.

Im Kriegsjahr 1942 muss es gewesen sein, als reichsweit zu einem Hilfseinsatz weit auswärts aufgerufen wurde. BDM-Mädchen aus dem Alt-reich sollten Umsiedlern aus dem Baltenland helfen, sich in dem als urdeutsch annektierten Warthegau anzusiedeln, sich da heimisch zu machen und Deutschtum wieder anzuwurzeln. Wir waren 14 Jahre alt, das Abenteuer der Ferne lockte. Alle machten mit – außer mir. Bekannt-lich interessierte Landgewinnung im Osten mich nicht. Ob ich nicht anderswo Kriegsein-satz leisten könnte, fragte ich die Bannführung und schlug Schleswig-Holstein vor, das Land der Häfen, das Schiffe auf die Weltmeere ent-sendete. Hintergedanke: im Leben einmal das Marine-Ehrenmal Laboe in echt zu sehen, des-sen Abbild das Totengedenken in der Wohnung meiner Musiklehrerin Friedel Roek beherrschte, umrahmt von Porträt und Portepée ihres in der Skagerrakschlacht gefallenen Bruders. Un-gelogen: Die Bann-Führung vermittelte mich dem Eichenhof von Bauer Riecken in Groß-barkau bei Kiel.

Mein Arbeitsplatz unter resoluten Küchen-frauen war die Großküche. Zum Essen saß ich mit vielen Mitarbeitern an einem langen Tisch und löffelte mit ihnen zur ersten Sättigung vor jeder Mahlzeit immer dieselbe Vorsuppe: Milch, in die nach Belieben Schwarzbrot hinein-gekrümelt werden konnte. Diesen Brauch wollte ich auch bei uns zu Hause einführen. Am nächsten freien Sonntagnachmittag gelang es mir, ein klappriges Fahrrad zu leihen, mit dem ich bei starker Hitze und mehrmaligem Fliegeralarm die Kieler Förde erreichte, meine Traumlandschaft, in der mein »U-Boot-Roman« spielte. Aus Backstein, zweiundsiebzig Meter hoch, ragte das expressionistische Marine-Ehrenmal für die Toten des 1. Weltkriegs vor mir in den Himmel. Nach dem Krieg, als die Deutschen als ewig kriegslüsterne Militaristen in Verruf geraten waren, sollte es gesprengt werden. Ausgerechnet frühere Feinde, englische Marine-Veteranen, haben verhindert, dass es dem geistigen Kurzschluss von Ideologen zum Opfer fiel.

Auch mit dem Kriegshilfseinsatz in Großbarkau war es schnell wieder vorbei. Überraschend kam mein Vater aus Russland auf Urlaub und schrieb, er hätte mich gerne zu Haus. Zusatz: »Aber wenn Du Dich als Soldat fühlst, bleib meinetwegen da.« Zu meiner Enttäuschung fühlte ich mich in diesem Falle nicht als Soldat und meldete mich bei Riekens ab. Vielleicht sähe ich Vater Willy ja zum letzten Mal und dann nicht wieder ...? Die Bannführung hat nicht reagiert.

Endlich kamen auch unsere Ostlandfahrerinnen wieder zurück. Ich ging, um meine Freundinnen vom Bahnhof abzuholen. Eine frohgemute

Truppe strömte aus den Zugabteilen heraus. Zum Zeichen ihres Osteinsatzes hatten alle einen Hufnagel quer durch den Schlipsknoten gesteckt, ein Emblem, an dem es mir als der Einzigen nun wieder mangelte. Was sie erlebt hatten, war kaum ein Thema. Erst nach Jahrzehnten fragte ich nach. Gitti aus der Luisenschul-Klasse erzählte von chaotischen Verhältnissen, die ich mir nicht vorstellen konnte und nicht im Kopf behalten habe. Wer Glück hatte, wurde, während die Erwachsenen ihr Wohnen und Arbeiten unter primitivsten Bedingungen neu zu strukturieren suchten, für Kinderbetreuung gebraucht. Das Schönste war, dass die Helferinnen in Abständen an einem zentralen Ort zu Kameradschaftstreffen zusammengerufen wurden. Auch ihren Abschied hatten sie gehörig gefeiert. Heutzutage sollte ich froh sein, mich an der Enteignung und Massenvertreibung polnischer Bauern durch die Deutschen nicht schuldig gemacht zu haben.

Wenn ich mich richtig erinnere, war ein Jahr Mitgliedschaft bei den Jungmädeln schon Zeit für erste Beförderungen. Schließlich wurden Führerinnen für den neu eintretenden Jahrgang gebraucht. Im Gegensatz zu allen meinen Freundinnen wurde ich in vier Jahren bei den Jungmädeln aber niemals befördert. Der Teufel mochte wissen, warum! Kann man von außen sehen, dass ich zur Führung nicht befähigt bin? Bin ich vielleicht auch nicht, aber wieso denn alle anderen, außer mir? Was war mein Fehler? Was hatte ich als Elf-/Zwölfjährige an mir, das andere nicht hatten? Mein Lebtag rätselte ich daran herum. Bis es mir im Alter einfiel: Meine Mutter Trudchen und das »Burjer Sprachverbrechen«!

Jungmädelführerinnen mussten aus demselben Stadtteil wie ihre Jungmädel kommen. Meine Eltern waren mit mir, als ich drei Jahre alt war, aus der rechten Mansardenwohnung von Neujork in die Etagenwohnung eines Sechsparteienmietshauses am östlichen Stadtrand gezogen: Ihlestraße 13 (Postkürzel »Ihle 13«), nahe an Ihle und Flickschupark.

Flickschupark, Brücke zur Ihlestraße mit Mietshäusern Nr. 15, 14 und 13. (Privat, um 1960).

64

So wurde Putti Progatzki vom Autohaus Berliner-
straße, gleich um die Ecke, meine Schaftsführe-
rin. Noch dichter benachbart waren mir unsere
nächsthöheren Vorgesetzten, Scharführerin
Irmgard und Gruppenführerin Ursula, beide
Töchter des städtischen Lt. Beamten Bodenburg,
der, wie man sagte, für den schönen, repräsenta-
tiven, als »Blender« geltenden Bürgermeister im
Rathaus die Arbeit machte. Gemeinsam mit dem
Kollegen vom Standesamt, Walter Pirius, hatten Bodenburgs ein schönes Zweifamilienhaus
direkt am Ihle-Ufer gebaut, uns schräg gegenüber. Ihr zauberhafter Froschkönigbrunnen im
gepflegten Garten zog viele Passanten an, stehen
zu bleiben und über den Zaun zu gucken.

Feine Leute von so viel Geschmack und Gemüt
mit sogenannten »höheren Töchtern« in der
Oberschule (muss heißen: Töchtern in der höheren Schule) waren Exoten in der Ihlestraße. Hier
wohnte man unter gewesenen Ackerbürgern in
niedrigen Häusern mit Torwegen sowie vor-
wiegend Angestellten, Arbeitern und armen
Witwen in drei- bis vierstöckigen Neubauten
von etwa 1900. An Gewerbetreibenden gab es
den Milchmann, den Bäcker, den Fleischer, den
Friseur und eine Gastwirtschaft »Zum weißen
Schwan«. Als einmal ein Korvettenkapitän in
Uniform zu seiner Mutter, »de Düsterbecken«
aus Odessa, in unserem Haus zu Besuch kam,

blieben die Leute auf der Straße mit offenen Mündern stehen. Er logierte im Hotel »Deutsche Eiche«, nicht bei Muttern unterm Dach.

Um gesellschaftliche Klüfte zu überbrücken, waren Bodenburgs und Pirius' bemüht, jedermann im Vorübergehen zuvorkommend zu grüßen. So halte ich für denkbar, dass Mutter Bodenburg ihre Töchter nebst Freundin Putti anregte, sich den Eltern ihrer Jungmädel als Vorgesetzte vertrauensbildend zu Hause persönlich vorzustellen. Ein bürgerlicher Brauch, eine Katastrophe!

Als sie ins Haus kamen, war meine Mutter, die tacksche Fabrikarbeiterin, allein zu Haus, »Ihle 13«, erste Etage links. Sie muss zu Tode erschrocken gewesen sein darüber, dass drei unbefangene junge »Stranzen« in Uniform mit natürlichem Selbstbewusstsein etwas »von ihr wollten«. Sie war gegen jedes Eindringen einer jeden Partei in unser Familienleben. Erst das Rotfront!-Gegröle der Schädel-Einschlag-Partei KPD, dann die Nazis – auch nicht besser! Von unseren Magdeburger Verwandten hatten wir die Kunde, dass Behinderte wie unser von Geburt geistig unterentwickeltes Lottchen, wenn man sie in ein Pflegeheim gab, nach etwa sechs Wochen an »Lungenentzündung« verstarben. Im Biologiebuch der Luisenschule fand ich zu lesen, Behinderte seien überflüssige Esser. Mit den Kosten, die sie verursachten, sollte man lieber Talente fördern. Allerdings: Im Unterricht der Luisenschule wurde das amtlich vorgeschriebene Biologiebuch nie benutzt! Das Geschichtsbuch »Volkwerden der Deutschen« gehörte zwar zum Unterricht, aber nur insofern, als Dr. T. uns seine Version auf die Ränder diktierte. Archivwürdig!

Fühlte meine Mutter sich bedrängt, schaltete sie kopflos auf Vorwärtsverteidigung, und dabei fielen ihr Verbalinjurien wie giftige Kröten aus dem Hals, ein Milieuschaden. Den größten Teil ihrer Kindheit und Jugend verbrachte sie in Nachbarschaft der Langen Reihe. »Emmi, die Schandschnauze von drüm« war ihre beste Schulfreundin. Meine Mama schrieb gute Postkartentexte und Briefe, brachte meinen ersten Erlebnisaufsatz über unseren Wandertag in die Pietzpuhler Heide mit Lehrer Kilian in Gang. Aber mit ihrem Burgerdeutsch eckte sie im Leben an, ohne zu wissen, warum. Geschimpfe in frecher Lange-Reihe-Ausdrucksweise hielt sie für normal. Im Maschinensaal bei Tack war sie neben einem vertrauenswürdigen Betreuer platziert, Fritze Möhring (Pst! Kommunist!). Beliebt machte sie sich dadurch, dass sie Geburtsdaten sämtlicher Mitarbeiter auswendig kannte und die Kollegenschaft rechtzeitig aufmerksam machte.

Als meine Führerinnen zum Antrittsbesuch

kamen, hatte ich mir beim üblichen Sprung von der sechsten Treppenstufe im Haus gerade den rechten Knöchel verstaucht. Das war für Mama der willkommene Anlass, die Mädchen abzuwimmeln. Dass sie mich bei dem nahenden Sportfest ja nicht überanstrengen würden! Die Wohlerzogenen mögen von ihrer Ansprache wie vom Donner gerührt gewesen sein und, nach meiner Erfahrung, danach eine Affektabfuhr benötigt haben. Bei mir funktionierte das so, abgesehen vom Nägelkauen, dass ich im Dauerlauf durch die Straßen rannte. Ich rannte meistens, aber auch bei jedem langsamen Gehen kam ich plötzlich ins Rennen und bemerkte es erst ein paar Straßenecken weiter. Darum ist fast sicher, dass meine Führerinnen sich zur Entspannung bei ihren Eltern aussprechen mussten. Möglich, dass sie mit der lieben Frau Bodenburg überein kamen, guter Nachbarschaft wegen Frau Reimanns Tochter nicht enger als nötig an die Partei zu binden.

Als meine Freundinnen erfreut ihre rotweiße Führerschnur der Jungmädelschaftführerin an Halstuch und Schlipsknoten knüpften, sagte Putti, nun Scharführerin mit grüner Schnur, aufmunternd, ja, beinahe verlockend zu mir: »Und du, du wirst meine Vertretende!« Wie zur ausgleichenden Gerechtigkeit durfte ich nun gelegentlich beim Marschieren in Dreierreihen vorneweg den Gruppenwimpel tragen und dann auch den Bannwimpel bei der Siegerehrung am Bannsportfest 1943 auf dem Sportplatz bei uns am Flickschupark.

Puttis Vertretende zu sein, war kein leichter Job! Ich sollte monatlich an ihrer Stelle in der Siedlung-Ost die 5 Pfennige Beitrag kassieren, die man sonst persönlich abgab, wenn man den Dienst nicht schwänzte. Hier in der Wiesenstraße wohnten die Dienstschwänzerinnen und die, die zwar namentlich erfasst, aber noch nie zum Dienst gekommen waren. Hinter der Badeanstalt zwischen Ihlefluss und Grabower Chaussee hatten sich deren Eltern kurz nach 1933 ein Häuschen für nur 1000 RM bauen können. Um Darlehen abzustottern, mussten sie jeweils ein Schwein fett füttern, dessen Stall schon im Bauplan war. Mein Vater, »Willy der Maurer« genannt im Unterschied zu seinem Vetter »Willi der Schriftleiter«, war am Werden der Siedlung beteiligt. Von hier kam der erste Großauftrag für die Arbeitslosen, die sich nach 1933 zur freien Maurerkolonne Arthur Peter zusammengeschlossen hatten: zwei Brüder Peter, zwei Brüder Kählke und mein Vater – Akkordmaurer mit gutem Verdienst.

Akkord-Maurerkolonne Arthur Peter.
Mitte: Willy Reimann, rechts die Brüder Peter, links die
Brüder Kählke mit Handlanger Radke (?). (Privat, um
1936).

Die Maurerkolonne wurde gemanagt durch Arthurs ehrgeizige Frau Klärchen. Anschließend beteiligte sie sich am Bau des Burger Knäckesilos, des Ausstellungsgebäudes Rote Horn in Magdeburg sowie am Bau eines Silos in Nordhausen. Was Maurer Willy stark verunsicherte, war, dass Schriftleiter Willi in Begleitung seiner Ehefrau ihn in Maurerkluft auf der Straße nicht kennen wollte.

Einige Bauherren in der Siedlung Burg-Ost waren aus der Langen Reihe hier gesellschaftlich aufgestiegen, darunter heimliche Anhänger der verbotenen KPD, deren Ikone Hermann

Matern unverdrossen im Untergrund weiter agitierte. Krawalligkeit und Lust zur Obstruktion brachten sie in die Siedlung mit. Da konnte eine vertretende Scharführerin als Abgesandte der NS-Partei leicht achtkantig zur Türe hinaus geschmissen werden. Schwierigkeiten wegen magerer Sammelerfolge habe ich bei Putti oder der Bannführung nicht gehabt.

Putti, nachdem sie Mutter Trudchen in Aktion erlebte, mag sich gedacht haben, ich könnte gewohnheitsmäßig mit Prekariat besser umgehen als sie. Nicht nur sie, auch wir alle waren froh, dass die Unangepassten wegblieben vom Dienst und nicht weiter störten.

Es ist aber nicht so, dass ich selbst nie den Dienst geschwänzt hätte. Aus der Schule kommend, trockne Haferflocken mit Zucker und Kakao als Schnellmahlzeit essen und noch die vorschriftsmäßige Bluse waschen und trocken bügeln zu müssen, war mir manchmal zu hektisch. Mittwochabends, wenn Hans Fritzsche im Rundfunk seinen Kommentar zur Lage sprach, bekam ich dann jedes Mal ein schlechtes Gewissen: Dienstpflicht nicht erfüllt – Vaterland im Stich gelassen!

Gern hätte »mein schöner Papa« in der Siedlung-Ost auch ein eigenes Häuschen gehabt, um als Erster in der Generationenfolge ein Erbe zu hinterlassen – mir! Aber meine Mutter streikte wegen des Schweins. Auch habe er sich, leider, sinnierte er später, die 1000 RM mit den Maurern »durch die Kehle gejagt«. Als das Ausstellungsgebäude Rote Horn mit einer Lehrmittelausstellung eingeweiht wurde, wollte mein Vater das Ergebnis seiner Berufstätigkeit gerne in Betrieb genommen sehen, und weil ich eine eifrige Schulgängerin war, nahm er mich mit. Da gab es eine drehbare Schiefertafel auf einem Ständer für Kinder wie bei uns in der Grundschule bei Lehrer Kilian. Die hätte ich zu gerne gehabt, aber mein Vater kaufte sie mir nicht. Er sagte, den Kreidestaub in der Wohnstube könnten wir Mama nicht zumuten. – O Schreck – ein Knochengerüst! Gevatter Tod aus Grimms Märchen in echt! Der Sensenmann!!! ... Schnell hier weg! Im Ausstellungsprospekt verfolgte er mich nach Haus bis aufs Sofa hinter dem Esstisch, meinem Rückzugsort, unter dem manchmal aber auch der böse Rotkäppchenwolf oder »der Mörder« auf mich lauerten.

Bald danach sollte ich auch den Flugplatz Rote Horn kennenlernen. In den Schulen wurde für 2,50 RM ein Rundflug von 10 Minuten mit dem Flugzeug der Deutschen Jugend, also der Flieger-HJ, über Magdeburg angeboten, eine Werbeaktion des Verlags E. J. E. Volckmann, Berlin, der Bücher über Flugmodelle und

Baupläne verkaufen wollte und dazu Jugendliche für die Flieger-HJ anwerben. Aus unserer Mittelschulklasse meldeten sich überraschend nur zwei Schülerinnen an, Anneliese aus der Fleischerei Magdeburger Straße und ich. Wir wollten nur die Gelegenheit nutzen zu erfahren, wie Fliegen eben ist. Mit Zittern sahen wir dem Einsteigen in D-Ujar entgegen. Wenn wir nun abstürzten? Bei Angst um unser Leben entstand über Magdeburg unsere lebenslange Freundschaft.

Auf den Krähenbergen gab es Burger, die dort Gleitflug von flachen Kuppen probten. Dazu hätten wir uns angemeldet und möglicherweise den Hals gebrochen, wenn es nicht anders gekommen wäre: Annelieses Schwester heiratete den Holländer Willy, der nicht als Soldat eingezogen werden konnte. Willy gab Ruderunterricht im ehemals bürgerlichen »Ruderclub Burg« am Kanal. Und so lernten wir, Zweier- und Dreierboote zu Wasser zu lassen, uns mit dem Rollsitz anzufreunden, den Ruderschlag zu üben und Manöver, wie das asymmetrische Schlagen beim Wenden, mit oder ohne Steuermann, manchmal mit Kielschwein.

Einmal ging Scharführerin Putti mit uns auf kleine Fahrt. Sie veranstaltete ein Pfingstlager im benachbarten Reesen mit Übernachtung im Zelt. Es war scheußliches Wetter. Wären wir doch lieber zu Hause geblieben! Morgens nach fast schlafloser Nacht erwartete uns Regen. Ich bin ein »Frostkötel«, fror jämmerlich, und obwohl von unserem geliebten Bannmeier der Satz überliefert ist: »Regen geht bloß bis auf die Haut und darunter beginnt der deutsche Mensch!«, klagte ich es Putti. Putti nahm mich bei der Ehre und sagte pikiert: »Ein Jungmädel friert!?« Wie enttäuschend für den Führer, der sich doch die Jugend »flink wie Windhunde und hart wie Kruppstahl« wünschte!

Aber auch Fleischers Anneliese und andere Jungmädel baten die Scharführerin, den hubberigen Pfingstausflug abzubrechen. Da verriet Putti, um uns zum Bleiben zu verlocken, eine von ihr verabredete »Überraschung«: Wir warteten auf Pimpfe, die unser Lager überfallen würden ... Na, Rumrangeln mit Pimpfen hatte uns zu Regen und Kälte gerade noch gefehlt! Und alles bloß, weil Putti mit dem Gefolgschaftsführer liebäugeln wollte?

Zu viert oder fünft machten wir uns auf den Heimweg. Das war Befehlsverweigerung, blieb aber ohne Folgen, außer dieser: Auf der Chaussee nach Burg gerieten wir singend in einen nie gekannten Platzregen. Dicke Tropfen schlugen uns hart auf Kopf und Gesicht. Im Nu waren wir nass bis auf die Haut, nicht anders, als wären wir ins Wasser der Badeanstalt gesprungen.

Ein Lachkrampf stoppte uns, aber beim Weiterwandern wurden wir fast wieder trocken.

Putti, die kleine Liebreizende, ging gleich nach dem Krieg zum früheren Feind über, nämlich aus der SBZ (sowjetisch besetzte Zone) mit einem amerikanischen Besatzungsoffizier nach Amerika. Beneidenswert! Wo kann sie den denn bloß aufgegabelt haben? Na, in ihrer Autowerkstatt oder an ihrer Tankstelle ... Er war wohl auf Durchreise zur US-Militärregierung im geteilten Berlin. Als »Pützchen« in Carl Zuckmayers Drama »Des Teufels General« im Schauspielhaus Hamburg um 1955 glaubte ich, Putti wiederzusehen.

Ohne Führerschnur in den BDM übernommen, kam ich in die Gruppe der so munteren wie gemütlichen Uschi aus der Deichstraße, deren Mutter in den Häusern für den Volkswohlbund (?) kassierte. Gleicher Stallgeruch! Bald wurde ich zur BDM-Schaftführerin befördert, wenig später zur Scharführerin mit grüner Kordel, darin aber nicht mehr bestätigt, weil der Krieg vorher zu Ende ging. Unter Uschis Fittichen mutete ich meinem Auditorium von Näherinnen der Kleiderfabrik Karstadt außer Bewegungs-Singspielen – »In dem Walde steht ein Haus« – auch einen Heimabend über den Schriftsteller Rudolf Kinau zu, den Bruder von Gorch Fock. Seine sonore Stimme hörte man regelmäßig in der Sendereihe »Hör mol 'n beten to!« im Radio. Zu seinem Buch »Kamerad und Kameradin« hatte er in Burg eine Lesung gehalten und dabei für das Plattdeutsche geworben: »Plattdütsch is licht to verstohn!« Abendliche Fortbildungskurse, die meist in Räumen des Clausewitzgymnasiums stattfanden, besuchte ich regelmäßig, den Erste-Hilfe-Kursus, wenn es keinen anderen gab, auch mehrmals hintereinander. Ich ging dem ältlichen Kursleiter zur Hand, putzte die Tafel, besorgte Lehrmittel aus dem Depot im Hof und schleppte als Mutprobe auch das Knochengerüst hin und her, selbst im Dunkeln. Aber nur, wenn Anneliese dabei war.

Es war die Zeit, als Bannmädelführerin Hildemarie Köllner sich mit einem Offizier aus der Neuen Kaserne verheiratete und der Bannstab plötzlich mit der Wehrmacht eng verbandelt war. Von jetzt an bestanden alle Heimabende darin, dass der BDM beim Singen und Geschichtenerzählen Soldatenstrümpfe stopfte, gruppenweise um die Wette. Uschis Gruppe wurde natürlich Sieger! Im Gegenzug stellten die Soldaten mithilfe der Fachleute unter ihnen gutes Spielzeug zu Weihnachten für Kinder der Ostflüchtlinge her, die, von mir kaum bemerkt, unaufhörlich in die Stadt einströmten.

Wir Burger im totalen Krieg

Totaler Krieg verlangt, dass gewohnte gesell-schaftliche Einrichtungen als nicht kriegswichtig aufgegeben werden, damit alle Ressourcen der Rüstung zugeführt werden können. Die schönen schmiedeeisernen Umzäunungen der Kirchen, das Kaiser-Wilhelm-Denkmal aus den Bahnhofs-anlagen und die Bismarck-Büste vom Bismarck-platz neben der Normaluhr verschwanden aus dem Stadtbild, um zu Kanonen umgeschmolzen zu werden, ebenso die Kirchenglocken. Charak-teristische Zeichen verschwanden; Burg wurde immer beliebiger, ungepflegter, hässlicher, grauer ...

Die Statue Kaiser Friedrichs III. als Verkehrs-teiler in der Marktmitte wurde schon 1937 ent-fernt. Wie oft war ich da, von Neujork kommend, schwungvoll um das Denkmal in die Deichstraße reingekurvt! Noch lange lag die Figur im städti-schen Museum, Bahnhofstraße, auf dem Fuß-boden herum, wobei Holzwolle oben aus dem offenen Schädel guckte. Einer der Anwesenden verscheuchte allgemeines Bedauern über die unwürdige Lage des Kaisers so: »Ach, der hatte ja auch nur Holzwolle im Kopf.« »Der« war der erste Hohenzoller mit akademischer Bildung.

»Die Schartauer« (Adolf-Hitler-Straße) verödete mehr und mehr. Kaufhäusern fehlte es an Ware. Stete Auskunft von Verkäuferinnen: »Haben wir nicht, kriegen wir auch nicht wieder rein!« Manche Schaufensterdekoration bestand aus kunstvollen Aufbauten leerer Schachteln bekannter Markenware, die man früher hier verkaufte, manche aus einem Porträt dessen, der an dieser Leere schuld war, unser Führer. In der unteren Schartauer ärgerte mich jedes Mal ein kleines Schaufenster mit einer nachlässig zugezogenen Halbgardine, unter der sonnengebleichte Brummer allmählich zu Staub zerfielen. Hätte der, der hier zuletzt das Licht ausmachte, das Schaufenster nicht mit ordentlichem Anblick verlassen können, wenn er nicht mehr wiederkommen wollte? Störte diese Hässlichkeit keinen Menschen außer mir? Hier und da zeigten Plakate an glatten Wandflächen eine große, dicke Schattengestalt mit Hut über der Aufschrift »Pst! Feind hört mit!«. Welche Geheimnisse sollten wir Burger Hinterwäldler welchem Feind bei welcher Gelegenheit wohl verraten könnten, fragte ich mich, und kam zu dem Schluss, dass der Unheimliche wohl bloß die Meckerer einschüchtern sollte. Meckern rechnete als Wehrkraftzersetzung, darauf stand die Todesstrafe.

Schwierig war es für meine Angehörigen, mich 1942 zur Konfirmation mit traditioneller Festkleidung auszustatten. Ein farbiges Prüfungskleid wurde gebraucht und ein festliches kleines Schwarzes für die Einsegnung, oder wenigstens Stoff dafür zum Nähen. Wenn meine Mutter um fünfe nachmittags Feierabend hatte, waren Tageskontingente der Geschäfte sowieso schon ausverkauft. Oma Agnes wurde geschickt, die Läden zu besseren Geschäftszeiten abzuklappern, vergeblich. Zweimal fuhr sie nach Magdeburg, und von da kam sie glücklich mit je drei Meter gleichartigem Blasenkrepp zurück, einmal in Königsblau statt in Schwarz, einmal in fahlem Erdbeerrot. Man musste nehmen, was es gab. Aber wer sollte mir die Kleider nähen? Meine Tante Anna war seit vier Jahren unerreichbar, Schneiderateliers nahmen keine Neukunden an, außer gegen Bezahlung in Lebensmitteln. »Woher nehmen und nicht stehlen?« war ein Lieblingssprichwort meines Vaters, der jetzt im Felde war. Meine Mutter glaubte: »Wenn die Not am größten, ist Gottes Hilfe am nächsten.« Und tatsächlich hatte ich Glück! Meine Freundin Ursel, die Bauerntochter aus Schartau, die sich aus Sympathie mit mir zusammen in »Unser

Lieben Frauen« von Pfarrer Langner konfirmieren lassen wollte, bekam ihre Kleider im Atelier zweier ältlicher Schwestern auf dem Breiteweg gegen Essbares genäht, und dahin nahm sie mich mit. »Sei getreu bis in den Tod, so will ich dir die Krone des Lebens geben.« (Offenbarung 2, 8-11).

Nach der Einsegnung stand ich mit meinen religiösen Reliquien – Gesangbuch in Goldschnitt von Großonkel Specht, Spitzentaschentuch vom Hochzeitsanzug meines Vaters und Maiglöckchenstrauß – vor der Kirche »wie ein schwankes Rohr im Wind« und sagte zu meiner Freundin: »Ich traue mich nicht nach Haus.« Was hätten die Frauen der Familie ohne Tante Anna bei solcher Zusammenkunft denn an Gesprächsthemen? Die bei uns in der Ihlestraße auf engem Raum zusammenkämen, waren Mütter und Omas dreier gefallener Soldaten. Vetter Herbert, Onkel Walter und Onkel Richard waren tot. Anstelle von Freude und Zuspruch zu meinem Eintritt ins Erwachsenenleben waren nur Weinen und Klagen zu erwarten. Nur Schimpfen auf Führer und Vaterland. Nur Miesmachen und Meckern über die Verhältnisse. Nichts die Seele Erhebendes, nichts Geistiges von Ewigkeitswert, wie diesem Tag angemessen! Tante Frieda, Mutters viel ältere Stiefschwester aus Hamburg, die Dauerbeleidigte, war gekommen und zeigte sich schon bei der Begrüßung enttäuscht von mir. Ich war nicht mehr blond, sondern nachgedunkelt. Ähnliche Anwürfe waren vorprogrammiert. Mädchen und Oberschule ist Quatsch, man heiratet ja doch! Alle warteten heimlich darauf, dass ich einmal schwanger mit einem Kind nach Hause käme. Aber: Nun gerade nicht! Derartiges wollte ich mir an meinem Ehrentag ungern zumuten lassen. Ursel sagte: »Dann komm doch mit mit mir!« Und so habe ich meine häusliche Konfirmationsfeier boykottiert.

Ursels Konfirmation in Burg war ungesetzlich, das durfte in Schartau keiner merken. Dort fiel das Datum der Konfirmation auf einen Sonntag später, und dann würde Ursel auch ihre Feier ausgerichtet bekommen. Heute wollten ihre Mutter und sie sich aus Vorsicht auch schon nicht in Schartau blicken lassen, sondern den Tag in Burg zubringen. Und so tranken wir Konfirmationskaffee mit den Schneiderinnen auf dem Breiteweg und vertrieben uns die restliche Zeit mit alten Modeheften. Als ich nach Hause kam, waren alle meine Gäste schon gegangen. So früh? Eine herbe Überraschung! Man sitzt doch sonst bei Kaffeekränzchen bis gegen Abend zusammen. »Na, wenn du nicht da bist«, sagte meine Mutter. Aber auch gut! Sie schimpfte gar nicht, das war auffällig. Wahrscheinlich hatte Friedas Verhalten sie an ihre Dauerkonflikte in der Jugend erinnert.

Seit Vernichtung der 6. Armee bei Stalingrad 1942/43 lag eine niederdrückende Traurigkeit über dem Land. Schwarz umrandete Todesanzeigen gefallener Soldaten füllten in der Tageszeitung ganze Seiten, manche mit der Unterschrift »In stolzer Trauer«. Ende der Blitzfeldzüge! U-Boot-Besatzungen tauchten nicht wieder auf, nachdem die Alliierten neue Sonartechnik zur Unterwasserortung einsetzen konnten. Den Millionen der trauernden Angehörigen verging jede Lust auf lärmend geselliges Leben, Tanz und Kneiperei. Die weniger oder nicht Betroffenen sollten Rücksicht auf sie nehmen, also wurde das Lustbarkeitsverbot erlassen. Für Vierzehnjährige ein herber Schicksalsschlag! Da saßen wir erwartungsvoll zur ersten Tanzstunde in einem großen Saal am Paradeplatz neben der Scharfen Ecke, Weiblein links, Männlein rechts, und hielten gegenseitig verstohlen Ausschau, mit wem man es zu tun bekommen könnte: »Den da finde ich knorke!« ... »Hoffentlich fordert der lange Lulatsch von Pastersohn mich niemals auf!« Endlich kam der Tanzlehrer herein: »Meine Damen und Herren, der Tanzkursus muss leider ausfallen. Ab heute gilt das Lustbarkeitsverbot. Auf Wiedersehen nach dem Krieg!«

In diese Zeit fällt mein allererstes Theatererlebnis. In einer Jugendvorstellung des Wilhelm-Theaters am 14. Februar 1943 sahen wir Friedrich Hedlers Schauspiel »Der goldene Reiter«. Romano Merk spielte Kaiser Otto, Peter Hennings den aufmüpfigen Bruder Heinrich und Ruth Willy die Kaiserin Editha! Text als lebendiges Leben vorgeführt zu bekommen, eine Offenbarung! Drei Stunden war ich in einer anderen Welt. Nicht nur patriotisch, sondern auch in Heimatliebe aufgerüstet, fand ich nur mühsam zu mir zurück. Gleich im Anschluss schleppte ich meine Leute zu Kaiser Ottos großem Reiterstandbild auf dem Alten Markt. Aber wir fanden die Skulptur mit Holzlatten eingerüstet, die sie vor Bombensplittern schützen sollte.

Filme damals dienten der NS-Propaganda oder waren zur Ablenkung vom trüben Alltag gedacht. Ich schwärmte für »U-Boote westwärts«, erinnere mich aber nur an offenbar sehr gute Typendarstellung von Karl John als Matrosenobergefreiten und Clemens Hasse als Maschinenmaat. Wer war eigentlich Kommandant? Mit meiner Oberschulklasse freute ich mich über den Mozartfilm »Wen die Götter lieben«, der aber keine Gnade vor unserer Musik- und Englischlehrerin Fräulein Biermann fand: Aus Mozarts Werken Ohrwürmer zu Filmmusik zu verwursten, sei barbarisch. Ein Kunstwerk sei ein Kunstwerk und sollte im Ganzen wirken können. Der antisemitische Film »Jud Süß« mit Heinrich George war ein Kunstwerk, aber ein Kunstwerk der Propaganda. Er stellte Erpressung, Wucher, Kuppelei und Hochverrat als typisch jüdische Eigenschaft vor. Zum Weinen. Aber wer gerade mal 300 RM auf dem Sparkonto hat, kann sich in Mechanismen der internationalen Finanzwelt nicht hineindenken.

Hoch begeistert waren wir Mädchen über Renée Deltgen, den mit dem schmalen Oberlippenbart. In »Das Indische Grabmal« und »Der Tiger von Eschnapur« entführte er uns in unbekannte exotische Welten. Meine Mutter freute sich über Revuen mit Marika Rökk: »Schenk mir einen bunten Luftballon« und über Schicksalhaftes mit Zarah Leander: »Ich weiß, es wird einmal ein Wunder geschehn ...« Was für eins denn? Dass wir den Endsieg erringen etwa? Kriegerfrauen schmolzen dahin, wenn Wilhelm Strienz sang: »Heimat, deine Sterne ...« Wir Luisenschülerinnen verachteten solche »Schnulzen«. Doch Dr. T. warnte uns. Wir sollten sie sehr ernst nehmen, denn sie seien Ausdruck des Volksempfindens. Zu bestimmten, mit ihren Liebsten verabredeten Zeiten, guckten Frauen und Bräute der Soldaten an fernen Fronten zum Polarstern oder Großen Wagen hinauf. Dann hatten sie das Gefühl, dass sie sich wie ihre Blicke selbst da oben träfen.

Zwischen Wochenschau und Hauptfilm im Stadttheater sowie Rolandkino bekam die Bevölkerung praktische Tipps zu Alltagsfragen vorgeführt. Im Vorfilm klärten »Tran und Helle« über sparsame Haushaltsführung einschließlich Schuheputzen auf, vorschriftsmäßiges Verdunkeln der Fenster zum Luftschutz, richtiges Verhalten gegenüber Meckerern und ähnlich. Der ansehnliche Jupp Hussels als informierter Volksgenosse belehrte einen begriffsstutzigen bauernschlauen Gemütsmenschen in Gestalt von Ludwig Schmitz.

Lebensmittel und Waren wurden knapp und knapper. Was im Lande nicht erwirtschaftet wurde, konnte anfangs leicht aus eroberten Ländern entnommen werden. Das heißt: Nachdem es an den Fronten nur noch rückwärts ging, war es mit Einfuhren vorbei. Da wurde »Schmalhans Küchenmeister«. Für die gerechte Verteilung des Mangels sorgte schon früh die Zwangsbewirtschaftung aller Güter per Bezugsschein und Lebensmittelkarten. Ladeninhaber und Verkäufer schnitten pro Person die für acht bzw. zehn Tage bewilligten Marken von Reichsbrot-, Reichsfett-, Reichskartoffelkarten ab. Auch eine Reichskleiderkarte gab es. Die Schnipsel nach Sorten zu ordnen und für das Wirtschaftsamt in Kolonnen mit Mehlkleister auf Zeitungsbögen zu kleben, war eine große zusätzliche Belastung für Ladeninhaber und ihre Familien. Wenn ich Fleischers Anneliese besuchte, entschuldigten ihre Mutter, Schwester oder sie sich dafür, dass sie mir keinen Sitzplatz anbieten konnten. Denn alle Tische und Stühle, das Sofa und der Teppich waren ständig mit beklebten Zeitungsseiten zum Trocknen ausgelegt.

Im letzten Kriegsjahr bekam »Otto Normalverbraucher« (nach Wikipedia) 2225 g Brot, 250 g Fleisch (oder Wurst) und 218 g Fett pro Zuteilungsperiode, die von einer Woche auf eine Dekade verlängert worden war. Jede Woche zu Schlachttagen konnte man bei Fleischer Hänsel einen Milchtopf abgeben und gefüllt mit Brühe vom Wurstkochen später wieder abholen. Das gab eine schöne Suppe, auch wenn der Volksmund witzelte: »Es gucken ja mehr Augen in den Topf hinein als (Fett-)Augen heraus.« Bei Fleischer Thieme in der Brückenstraße stand ich einmal Schlange in einer Viererkolonne ganz hinten bei sage und schreibe 30 Grad Frost.

Hauptnahrungsmittel war die Kartoffel. Ich selber brauchte, um mittags satt zu werden, etwa acht oder zehn Pellkartoffeln. Das brachte mich einmal bei meiner Banknachbarin der Luisenschule sehr in Verlegenheit, »Ute aus zwei Villen in Möser«. Nach dem Unterricht nahm sie mich einmal mit nach Haus, um mir die außergewöhnliche Badestelle der Möseraner zwischen Steinklippen – Material vom Kanalbau? – zu zeigen, die heute vergessen ist. Zuerst wollte sie für uns etwas zu Mittag kochen, sonst war niemand zu Haus. Sie fragte: »Möchtest du eine Kartoffel oder zwei?« Ich war perplex, dass Ute offenbar mit solchen Spatzenportionen auskam, wollte nicht verfressen erscheinen und auch nicht unverschämt sein, rechnete nach und entschloss mich für die Hälfte des Gewohnten: »Fünf!« »Oh!«

Oft und oft habe ich mich beim Pellkartoffelnkochen zu Haus beim Alten Fritzen bedankt, der das Gewächs in Preußen eingeführt hat und es mit einer List den skeptischen Untertanen interessant gemacht haben soll. Er ließ die Felder mit der Kartoffelernte als etwas Kostbares zum Schein von Soldaten bewachen, um die Neugier der Hungrigen zu wecken. Kämen sie zum Stehlen, sollten die Bewacher sie stehlen lassen, damit sie die Köstlichkeit probierten. Wie schrecklich, wenn wir zum Sattwerden noch immer bloß Hirse, dicke Bohnen und Steckrüben hätten! Im Wohlstands-Deutschland sind wir wegen Bauchfett, Diabetes und Herzinfarkt jetzt allerdings bei low carb angelangt: Teurer Lachsfisch als Sättigungsbeilage statt Kartoffeln …

Abgesehen von Bratkartoffeln war das Standardgericht bei mir und meiner Mutter Pellkartoffeln mit Stippe! Zwei Esslöffel Mehl werden mit Zwiebeln in Fett gebräunt, mit kochendem Wasser abgelöscht, gepfeffert, gesalzen und dann verfeinert – so man hat – mit einem gequirlten Ei. Eine mitgekochte Speckschwarte wäre nicht schlecht, denn eigentlich heißt die Tunke Speckstippe. Nicht zu vergessen die Maggiwürfel!!! Beim Kochunterricht in der Luisenschule lernte ich Béchamelsoße kennen. Ganz einfach: Bevor die Mehlschwitze in der Margarine bräunt, gießt man sie mit heißer Milch auf statt mit Wasser. Da war ich glücklich, zu Hause eine neue Geschmacksrichtung einführen zu können. Meine Oma Agnes schwor seit jeher auf Pellkartoffeln mit fein gehackten Zwiebeln, etwas Salz und zwei Esslöffeln Öl. Was für Öl? Sie sprach von Mohnöl, das ich jetzt in Läden nicht mehr finde. Kürzlich probierte ich das Arme-Leute-Gericht mit Kürbiskernöl: ein Gedicht! Bei diesem Thema muss mir natürlich das unsägliche Speiseöl einfallen, das in den Hungerjahren 1945/46 aus Beständen der Wehrmacht auf Schiffen im Hafen ausgegeben wurde. Es sah bräunlich trübe aus und schmeckte bitter-ranzig. Man fragte sich, ob es vielleicht Maschinenöl wäre und ob man sich damit vielleicht vergiften würde, aber hat es überlebt.

Meine Mutter, durchgehend berufstätig als Appretiererin bei Tack & Cie., kam nach 17 Uhr nach Hause, ich war 15/16/17 Jahre alt und Schülerin, hatte nachmittags frei. Also fiel mir die Aufgabe des Einkaufens und Kochens wie von selber zu. Nach Fabrikschluss »bei Tacken« erwartete sie das Mittagbrot auf dem Tisch – und wären es auch nur Pellkartoffeln mit Salz oder mit »Reiterchen« von Butter oder Leberwurst! Fleischmarken sparten wir so lange auf, bis die Gewichtsangabe in Gramm einen kleinen Sonntagsbraten hergab. Den briet meine Mutter selber, daher bin ich in feiner Küche ungeübt bis heute. In unserem Sechsfamilienhaus von etwa 1900, »Ihle 13«, kochte man anfangs auf einem offenen Feuerherd über Eisenringen und unterhielt in einer Grude daneben mit fein krümeligem Koks eine sanfte Dauerglut. Zu meiner Zeit waren die Eisenringe mit Linoleum abgedeckt und ein zweiflammiger Gaskocher darauf installiert. – Von den mannshohen Kachelöfen in Wohn- und Schlafzimmer heizte man mit Holzscheiten und Sonnebriketts nur den im Wohnzimmer. In der Ofenröhre hielt man Essen warm, schmorte Bratäpfel, trocknete Tücher und erwärmte Schamottsteine, mit denen man vor dem Schlafengehen sein klammes Bettzeug anwärmte. Holz und Kohlen wurden wie Kartoffeln im Herbst zentnerweise bestellt und von der Lieferfirma vor das Haus auf die Straße gekippt. Dann musste man zusehen, wie man sie ins Haus schleppte und im Keller oder auf dem Dachboden stapelte. In den Schulferien war »Essentragen« angesagt. Dann stand ich Punkt zwölf mit gefülltem Henkeltopf am Fabriktor und wartete unter anderen Angehörigen auf das Herausströmen der Belegschaft und das Strahlen der Gesichter, wenn nach und nach jeder den zu ihm gehörigen Essensträger entdeckte. Von Arbeitskolleginnen brachte meine Mutter manchmal ein neues Notrezept mit, z. B. zu Weihnachten für falsche Marzipankartoffeln. Grieß und Haferflocken werden geknetet und die Kügelchen davon in Kakao gewälzt. In der Luisenschule kursierte ein Rezept für »verlängerte« Butter. Damit konnte ich einmal einen Esslöffel voll auf zwei verdoppeln. Wahrscheinlich mit Mehl. Das schmeckte wirklich gut, da war die zweite Hälfte sogleich verputzt, und wir hatten an Masse nicht mehr als vorher. Gern aßen wir Kartoffelsuppe, auch wenn wir die saftigen »Knobeländer« von Fleischer Thieme entbehren mussten. Dafür hatte meine Mutter in unserer Gartenparzelle im früheren Waisenhausgarten Berliner Promenade Suppengrün angebaut: Mohrrüben, Porree, Sellerie und Petersilie. Ihr Geheimtipp: Liebstöckel! Bei einem Gartenwettbewerb nach dem Krieg bekam sie für ihr Kräuterbeet den 1. Preis.

Burger waren schon immer begeisterte Schrebergärtner! Frische Ernten ihrer vielen verschiedenen Obstbäume und Beerensträucher, ein Fässchen saure »Jurken« sowie die Batterien von Weckgläsern aus Überschüssen vergangener Ernten halfen ihnen im totalen Krieg ein bisschen weiter.

Burg lag in einer Einflugschneise der feindlichen Bomber, die Berlin nach und nach in Schutt und Asche legten. Nacht für Nacht zog Geschwader auf Geschwader mit tiefem Gebrumm über uns hin – und wieder zurück! Bei Fliegeralarm trafen die Hausgemeinschaften in Schutzräumen, meist Kellern, zusammen. Jeder Mieter mit Ausweis, Versicherungspolicen und Notgepäck. Bei uns, »Ihle 13«, war es die Waschküche. Für den Fall eines Bombentreffers machte außen am Haus ein dicker weißer Pfeil, der zum Fenster wies, die Retter aufmerksam, wo Verschüttete zu finden sein könnten. Der Schulunterricht fing nach nächtlichem Fliegeralarm erst zur dritten Stunde an, das hat mir manche Mathearbeit erspart ...

Jahrgang für Jahrgang, rückwärts gezählt, zog die Wehrmacht Ehemänner und Väter zum Waffendienst ein. Zuerst war mein Vater dran, dann auch sein älterer Bruder Richard. Auf verlassene Arbeitsplätze sollten Frauen nachrücken, vordringlich jene, die bisher nicht berufstätig waren. Das war bitter, weil diese Bevölkerungs-

gruppe zu Hause mit Kinderaufzucht, Alten-
pflege, Ofenheizung, großer Wäsche, alles ohne
elektrische Hilfsmittel, genug zu tun hatte. Kinder und Jugendliche aus Handwerksbetrieben
mussten durch ihre Mitarbeit Gesellen und
Lehrlinge zu ersetzen versuchen. Meine Anneliese, Fleischerei Magdeburger Straße, hatte,
was wir Mitschülerinnen nicht wussten, bei
Unterrichtsbeginn schon eine Schicht auf dem
Schlachthof hinter sich, um die Wurstmasse im
angeheizten Kessel umzurühren. Dass sie mit
ihrem Vater sogar nachts unterwegs gewesen
war, wenn widerspenstige Kühe vom Bauern her
zum Schlachthof getrieben werden mussten, erfuhr ich von ihr erst im Alter. Mit 14 Jahren ging
sie von der Mittelschule ab, weil sie im Geschäft
gebraucht wurde. Sie begann eine Fleischerlehre
und schloss als Beste des Jahrgangs ab, was
den Kollegen nicht gefiel. Die jungen Fleischer
mobbten sie und warfen ihr einmal zum Spaß
ein halbes Schwein vom Wagen auf die Schulter
herunter: »Fang, Dicke!« Nach dem Krieg arbeitete sie als Fleischfachverkäuferin im Konsum.

Ernte auf den Feldern blieb den Frauen und
Angehörigen der Bauern überlassen. Dazu
bekamen sie Kriegsgefangene oder Zwangs-
arbeiterinnen aus den Ostgebieten als Hilfs-
kräfte zugewiesen, Polen, Franzosen, Serben,
Russen ... , die aber auf Abstand gehalten wer-

den mussten. Keinesfalls durften sie mit der Familie am selben Tisch essen! Bauer Schmidt war als Feuerwehrführer vom Kriegsdienst freigestellt. Für ihn kam Absonderung nicht infrage! Menschen sind Menschen! Unter dem Fenster zum Hof stand ein kleiner Tisch, zu dem die Romanen und Slawen aus der Tischrunde flüchten mussten, sowie Fremde den Hof betraten.

Der totale Krieg erreichte auch mich. Schülerinnen der Oberklassen – außer denen vor dem Abitur – sollten bei Schülerinnen der Unterklassen die Stelle der fehlenden Mütter bei der Schularbeitenhilfe übernehmen. Aber nur freiwillig. Also ohne mich! Dafür hatte ich nun überhaupt kein Verständnis! Was? Kinder aus bürgerlichen Elternhäusern, die schon bei Tischgesprächen erfahren, was ich mir erst mühsam aus Büchern anlesen muss, die sollen Hilfe bei Hausaufgaben brauchen? Da sollten die »höheren Töchter« sich mal besser am Riemen reißen! Meine Mutter konnte ja überhaupt nicht helfen, darum hatte sie mir sofort nach der Einschulung eingeschärft: »Un nu passte in de Stunde scheen uff! Wenn de uffpasst, kannste ooch deine Schularbeiten. Wenn de nich uffpasst, haste Pech jehat, bleibste Ostern sitzen. Von uns kann keener dich helfen.« Ich erinnere mich nicht, inwieweit die Schularbeitenaufsicht von unteren Klassen wirklich angefordert wurde, und ob sich jemand von uns freiwillig dazu meldete. Die Sache schien zu ruhen. Es gab aber einen Sonderfall.

Direktor Dr. T., unser Klassenlehrer, suchte eine Betreuerin für die mit uns gleichaltrige lernbehinderte Tochter des Oberbürgermeisters, seines Hausnachbarn, die nach zwei Nichtversetzungen zwei Klassen tiefer mitgeschleppt werden sollte. In die Hilfsschule Schulstraße unter z. T. Schwererziehbare hätte das hübsche verträumte Kind auch wirklich nicht gepasst! Nacheinander in absteigender Richtung befragte Dr. T. die drei Tüchtigsten der Klasse, ob sie die Aufgabe übernehmen würden, aber die sagten leichthin ab mit der Begründung: »Meine Mutter wünscht das nicht.«

Ich wusste sogleich, bei der »guten Mittelsorte« geht die Fragerei weiter. Von denen musste zuerst ich an der Reihe sein, weil Dr. T. von meiner eigenmächtigen Ummeldung her wusste, dass meine Mutter bei mir nichts zu melden hatte. Er selber gab mir damals Tipps, wie ich das Anmeldeschreiben formulieren und es sie unterschreiben lassen sollte. Trotzdem weigerte ich mich jetzt ebenso wie meine Vorgängerinnen, den Posten anzutreten. Der Einsatz war doch freiwillig! Nach mir fragte Dr. T. niemand mehr, sondern schoss sich auf mich ein. Selbstverständlich stand er als stadtbekannter heimlicher Sozialdemokrat unter Druck und musste dem NS-Bürgermeister tunlichst gefällig sein. Darum zog er alle Register. In Pausengesprächen, wenn niemand mehr in der Klasse war, verlockte er mich mit einer ganzen Freistelle statt meiner halben, wie ich sie bei der Umschulung pro forma erbeten hatte, um meiner Mutter das Argument zu entziehen, sie zahle nicht mehr als für die Mittelschule. Für Geld konnte man ja gar nichts kaufen! Anschließend drohte er mit dem Ende von Gefälligkeitsbenotung und einem Schulverweis, bemühte sich zu einem Hausbesuch in die Ihlestraße, und weil niemand zu Haus war, erwartete er meine Mutter in seiner Wohnung. Dort stellte er ihr vor, wie vorteilhaft es für ihre Tochter wäre, in kultiviertere gesellschaftliche Kreise zu kommen. Damit gewann er sie, aber sie nicht mich. Allmählich wurde ich bockig. Wieso soll ausgerechnet ich, die zuletzt Dazugekommene, Maurertochter, den »höheren Töchtern« die Kastanien aus dem Feuer holen? Ich wusste ehrlich nicht, wie ich den Alltag im totalen Krieg mit Schlangestehen beim Einkauf, Haushalt, eigener Schularbeit und der Zusatzaufgabe im Bürgermeisterhaus von geschätzten drei Stunden täglich bewältigen sollte. Von der Ihlestraße bis Ende der Kaiser-Wilhelm-Straße hatte ich den weitesten Weg und Jede in meiner

Klasse kannte das Mädchen persönlich, hatte sie im Unterricht erlebt, ich nicht. Als Quereinsteigerin kannte ich auch nicht die Schulbücher dieser Klassenstufe. Außerdem war ich aus psychischer Ursache eine Totalversagerin in Mathe, musste täglich zusehen, wie ich den Mangel kaschierte. Schlecht in Mathe? Dann sei der Nachhilfeposten gerade gut für mich, denn: »Durch Lehren lernen wir.« Und überhaupt: keine Bange! Wenn meine Schülerin gar nichts verstünde, sei das nicht meine Schuld, sondern normal. Was denn? Schularbeitenaufsicht nur pro forma? Was sollte ich denn eigentlich tun? Es nützte alles nichts, ich ging zu den angesagten Terminen einfach nicht hin, weil ich mich schlicht überfordert fühlte. Und überfahren! Mehrfach durch mein Nichterscheinen am Einsatzort brüskiert, begann Dr. T., mich aus seiner Schule hinauszuekeln: Er schloss mich bei Anwesenheit aus seinem Unterricht in Deutsch und Geschichte aus, überging mich, nahm mich nicht mehr dran, als wenn ich gar nicht im Raum wäre. Wochenlang. Einige Monate?

Sonst hatte ich zum Lehrpersonal der Luisenschule ein gutes Verhältnis. Für den sanften, dicklichen und trotzdem sportlichen »Karlchen« Laue – beim SA-Sportfest warf er die Handgranaten-Keule am weitesten – war ich, als ich kam, ein fachliches Phänomen. Er sinnierte:

»Sie kennt keine Kommaregel, aber setzt Kommas richtig. Wie machen unsere Kollegen von der Mittelschule das bloß?« Bevor das berlinisch-humorvolle Fräulein Heckert in Pension ging, besprach sie Zeugnisnoten mit uns. Wie ich erfuhr, bekäme ich in Englisch eine Zwei. Das war eindeutig zu hoch gegriffen. Ich bat sie, davon abzusehen, denn ich würde die Note nach ihrem Fortgehen bei einem anderen Lehrer vielleicht nicht halten können. Egal! Immerhin könne ich dann meinen Enkelkindern erzählen: »In der 5. Klasse, beim lieben Fräulein Heckert, hatte ich in Englisch eine Zwei.«

Einmal klönten wir mit unserer Sportlehrerin, an deren Person und Namen ich mich leider nicht mehr erinnere, über sportliche Berufe. Einige von uns wollten gern Sportwartin werden. Ich stand daneben wie ein Häuflein Unglück, im Zweifel, das Abitur zu schaffen und einen angesehenen Beruf auch auszufüllen. Da sagte die Lehrerin plötzlich: »Die Ruth wird etwas anderes, etwas ganz Großes. Sie müsste Philologie studieren!« Gleich schien die Sonne etwas heller. Ich berichtete es meinem Hamburger Vetter und schrieb den Brief wiederum ins Tagebuch ab. Allmählich erinnere ich mich an eine ältliche Dame mit unsportlicher Figur, die nie vorturnte, aber fachlich präzise Ansagen machte. Sie stand in der Turnhalle an den Geräten mit

Schreibblock und Stift, um für jede vom Schulamt vorgegebene Übung einen bis fünf Punkte zu vergeben: Barren, Reck, Langkasten, Ringe, Schwebebank. Beim Felgaufschwung am Reck versagte ich. Keine Bauchmuskeln! Gern spielten wir auf dem engen Schulhof Brennball bei ihr. Die Schwierigkeit war, den kleinen Tennisball zum Einwurf ins Feld mit einem dünnen Stab überhaupt erst einmal zu treffen, und, ehe er in einem Mittelmal »verbrannt« wurde, möglichst weit ums Geviert zu rennen. Schulsportfeste waren im totalen Krieg abgesagt.

Einen Besinnungsaufsatz »Wie überwinde ich Schwierigkeiten der Gegenwart« bekam ich ohne Benotung durch Dr. T. zurück, weiß allerdings nicht, ob das in die Zeit der Missachtung fiel oder anstelle von »Thema verfehlt: 6« reine Milde war. Leicht hätte ich von Schwindelmarzipan und Schwindelbutter schreiben können, hatte die Themenstellung aber missverstanden. Ja, wenn es »Wie bewältige ich Schwierigkeiten der Mangelwirtschaft« geheißen hätte! Politisch korrekt durfte er so wohl nicht formulieren. (Pst! Feind hört mit!). Ich war der Meinung, es solle sich um existenzielle persönliche Schwierigkeiten handeln und breitete vor Dr. T. meine Seelennöte philosophisch auf fünf Seiten aus, wie ich mich z. B. mit Rudolf Kinaus »Sünn in de Seils« und sogar mit Hitlers »Mein Kampf«

selbst ermutigte. Das alles wollte er aber gar nicht wissen. Ich traue ihm zu, ihm kam es darauf an, seine Schülerinnen per Aufsatz auszuhorchen, wie sie mit dem Mangel und dem Gebrauch vieler Ersatzstoffe zurecht kämen. Vielleicht wäre ein Tipp für seinen Haushalt dabei? Der Tipp, den er selbst der Allgemeinheit hätte geben können, wäre kaum angenommen worden. Wie Nachbarn beobachteten, fing seine Frau, die er sehr liebte, Vögel im Garten, um sie für ihn zu braten.

Das Zerwürfnis mit meinem Schulleiter zog sich hin, bis meine ferne Tante Anna sich brieflich an ihre frühere Kundin wandte, mit der sie befreundet war, Frau Johanna Hopfer vom Verlagshaus Hopfer, und um deren Vermittlung bat. Hopfers kleine Tochter Johanna war bei uns eingeschult, und so stellte Frau Hopfer eine Art Elternvertretung dar, obwohl von einer derartigen Einrichtung damals nicht die Rede war und meine Mutter sie keinesfalls in Anspruch genommen hätte. Frau Hopfer klärte Dr. T. über meinen Familienstatus auf, indem sie ihm sagte: »Reimanns sind gute Leute.« Da wird sie, außer auf ihre Hausschneiderin Anna, auf den Redakteur des Burger »Tageblatt«, Willi Reimann, hingewiesen haben, den jedermann mindestens aus dem Impressum kannte, und auf dessen Vater

Gustav, einen hopferschen Buchdrucker. Peinlich! Wo die mit uns doch nichts zu tun haben wollten ... »Ich wusste gar nicht«, so Dr. T., »dass Sie so hochgestellte Befürworter haben.« Das Drama Verweigerung von Schularbeitenhilfe für die Bürgermeistertochter endete mit der Andeutung meines unangemessen sturen Benehmens im Osterzeugnis: »Größere Gewandtheit in Umgangsformen würde ihre sonstigen Vorzüge besser zur Geltung bringen.« Was Gewandtheit betrifft, so konnte er selbst als Vorbild dienen. Sein Spitzname war »Der Aal«.

Die vaterländische Pflicht, eine berufliche Arbeit aufzunehmen, betraf auch die freischaffenden Künstler und Künstlerinnen. Das heißt, kulturelles öffentliches Leben fand selten oder gar nicht mehr statt. Hier sprang die HJ in die Bresche. Der Nachwuchs aus den Schulen bekam die Gelegenheit, sich in der Aula von Clausewitz- oder Luisenschule mit öffentlichen Lesungen und auf Musikabenden auszuprobieren. Und mit Berichterstattung darüber!!! Fast gleichzeitig mit dem Verweigern von Schularbeitenhilfe hatte ich einen Sondereinsatz beim BDM übernommen, der mir besser entsprach: Berichterstatterin!

Das vorletzte Kriegsjahr – Tagebuch 1944

Als Mittelschülerin führte ich für Hausaufgaben in Deutsch eine drei Zentimeter dicke Kladde. Es stehen Erlebnisaufsätze darin wie »Ein Nachmittag bei den Jungmädeln« auf dem Sportplatz in der Koloniestraße, Besinnungsaufsätze wie »Burg, meine Heimatstadt« mit der Sage vom Trommler, Sachaufsätze wie »Seemacht – Weltgeltung«, Kern einer Rahmenerzählung, mit der ich in dem Preisausschreiben »Seefahrt ist not« einen Gaupreis gewann. Das Bedeutendste im Heft damals für mich waren aber Niederschriften aus dem Literaturunterricht, angefangen mit Adalbert Stifters »Bergkristall« über Theodor Storms »Pole Poppenspäler« und Schwänke von Hans Sachs bis hin zur Dramenliteratur. »Das Drama – Handlung mit Konflikten.« Es ging darum, alles, was ich im Unterricht hörte, schwarz auf weiß nach Hause zu tragen, zum Nachschlagen fürs spätere Leben. Klassische Literatur und Nachschlagewerke gab es in meinem Elternhaus nicht, erst recht keine Sekundärliteratur, in der kluge Leute das

Leben und die Werke eines Dichters schon erklärt und veröffentlicht haben. Schulbücher durfte man auch nicht behalten, sie mussten am Ende des Schuljahres an den nächsten Jahrgang weitergegeben werden. Den Anfang macht nach »Das Leben Schillers« das Drama »Wilhelm Tell«. Wir lasen mit verteilten Rollen den 1. bis 5. Aufzug, Auftritt für Auftritt, und bekamen jeweils die kurze Zusammenfassung des Inhalts als Hausaufgabe gestellt. Mehr als der Freiheitskampf der Schweizer interessierte uns die Brautwerbung zu Zeiten des Alten Fritzen im nächsten Drama, Gotthold Ephraim Lessings »Minna von Barnhelm oder das Soldatenglück«. Ein Edelfräulein hat einen Bräutigam, der meint, aus Edelmut auf sie verzichten zu müssen, weil er ihrer nicht mehr würdig sei: »Ich bin Tellheim, der Verabschiedete, der in seiner Ehre Gekränkte, der Krüppel, der Bettler ...« Wunderbar, mit den Hauptpersonen mitzufiebern und in den Nebenrollen erstmalig so viele verschiedene menschliche Charaktere kennenzulernen, eine gewitzte Zofe, einen treuen Diener, ebensolchen Kriegskameraden, einen geschäftstüchtigen Wirt ... und als Krönung mit ersten Französischkenntnissen einen radebrechenden Falschspieler nachzuäffen: Riccault de la Marlinière! Seit »Minna« spukt als männlicher Maßstab ein auf Ehre vorprogrammierter Major v. Tellheim durch mein Leben.

Sechsunddreißigeinhalb Seiten der Schulkladde nimmt ein Filmbericht »Jakko« über einen einzugliedernden Zirkusjungen ein, der mich sehr bewegte. Auf dem Stapel normaler Hefte schleppten die Lehrkräfte die »fleißige Kladde« (Lehrerin Helene Scholz) manchmal auch mit nach Hause. Daraus ergab sich langsam die Notwendigkeit, bei den Einträgen Privates von Schulischem zu trennen. Ich schrieb auch Tagebuch. Das erste, ein kleines Album, ein Konfirmationsgeschenk, war schnell voll gewesen, ebenso alle darauffolgenden Schulhefte fortlaufend größerer Formate. So entschloss ich mich, mir noch eine zweite »fleißige Kladde« von drei cm Dicke als Tagebuch zuzulegen. Die Einträge beginnen im Dezember 1943, und pünktlich zum Jahreswechsel 1944/45 waren alle Seiten voll (25.1.1944 bis 27.12.1944). Zuerst kommen 22 Seiten Runenschrift, die ich jetzt nicht mehr entziffern kann. Mit der Tabelle des jüngeren Futhark machte ich einen Versuch, sodass ich wenigstens weiß: Hier handelt es sich um Stoßseufzer wegen der Konflikte mit meiner Mutter. Sie sollte das ja nicht lesen können. Es geht auch ums Ringen um Selbstbewusstsein und Scham. Mir war endlich eingefallen, wie man – außer als Matrose – auf Reisen die

Reisekosten selbst verdienen könnte: als Bericht-erstatterin! Es gab ja Kriegsberichterstatter, die in Wort und Bild laufend vom Kriegsschauplatz berichteten. Ebenso wollte ich vom Leben in fernen Ländern berichten, die ich durchreisen würde. Wieder hatte ich enthusiastisch herum geprahlt, ich würde für Zeitungen aus Ostasien berichten. Anneliese aus Schermen, meine nüchtern denkende zeitweilige Banknachbarin in der Luisenschule, die zur DDR-Zeit Bürger-meisterin von Reesen werden sollte, hatte dazu geäußert: »Lange, du musst nach Jerichow«, was in Burg so viel wie »Ab in die Klapsmühle!« hieß. Das kränkte mich nicht nur, das entzog mir den Boden unter den Füßen. Wie sollte ich denn dann meine Reisen finanzieren können!? Sollte ich etwa gar nicht unterwegs kommen? Weiter geht es in deutscher Schrift, Schreibweise Sütterlin, wie sie heute nicht mehr gelehrt wird, sauber, exakt, fast ganz ohne Verschreiben. Es folgen elf Seiten der genauesten Nacherzählung des Films »Asse zur See« über eine Schnell-bootflottille am Ärmelkanal unter Flottillenchef Klaus Feldt aus Kiel. Admiral Lützow, den man jeden Mittwoch in der Sendereihe »Seekrieg und Seemacht« sprechen hörte, führte durch die Ab-läufe des Films und erklärte Verwendung, Waf-fen und Operationsgebiete, »was man aber so-wieso schon wusste«. Nun hatte man ihn aber mal leibhaftig gesehen. – Mit sieben Seiten wird ein Sportfest beschrieben, ein zweites Sportfest mit sechzehn Seiten einschließlich Schwärmerei· für diesen und jenen Sieger: »Es gibt nichts Schöneres als Bannsportfest!« Am 6.6.1944 geht die Deutsche Schrift in Lateinschrift über, wie wir sie bisher nur für englische und französische Vokabeln gebrauchten. Das kann aber mit der Invasion der Alliierten in der Normandie gleichen Datums nichts zu tun gehabt haben. Ein Glücksfall für die Nachwelt, bilde ich mir ein, sind Beschreibungen, Mitteilungen und Zeitungsausschnitte zu einem für den Krieg, für den BDM und auch für mich persönlich außergewöhnlichen Jahr. Aus dem Tagebuch fasse ich hier zusammen oder zitiere ich wörtlich aus Sicht der damals Sechzehnjährigen, was mir in zeitlicher Abfolge im HJ-Dienst begegnet ist.

Anfang des Jahres 1944 fand in Burg ein »Kreistag« statt, an dem die Bevölkerung der Heimatfront in Großveranstaltungen auf den totalen Krieg eingeschworen werden sollte. »Am Vorabend hatten der Gauleiter mit allen seinen Parteimenschen und hohe Offiziere ein Beisammensein.« Dazu gehörte wohl für Gastgeber Burg allerlei Organisation. Mitschülerin Marlis, deren Vater als Veteran der Kaiserlichen Artillerie beteiligt gewesen sein mag, warb in der

Schule fünf »nordisch« aussehende Mädchen an, drunter mich, die in Volkstanzkleidung zum Hotel Roland kommen sollten, um für die Herren Brote zu belegen und zu servieren. Nordisch kann ich lt. Stammtafel nicht sein, doch es hat mich gefreut, bei dieser Gelegenheit das Erste Haus am Platze betreten zu können, das vornehmer Oberschicht vorbehalten war. Außerdem konnte ich den unbefangenen Auftritt unter Blicken der Öffentlichkeit üben.

»Der folgende Tag war der Tag der Jugend.« Rund 1000 Jungen begannen mit einem Vorbeimarsch am Gauleiter, »der fabelhaft geklappt haben soll«. Danach fand im Gemeinschaftssaal der Nähmaschinenfabrik Mundlos eine Großkundgebung statt. Wir Mädchen waren zu früh bestellt und mussten auf unseren Plätzen auf die Ankunft der Jungen warten, ein Erlebnis für sich! Langeweile gab es nicht! Die neue, eifrige Bannmädelführerin Hannedore Reese beschäftigte uns 200 Mädchen über eine Stunde mit Liedersingen und Schunkeln, sodass die Stimmung auf dem Siedepunkt war, als die Knäblein erschienen und die Veranstaltung beginnen konnte. Hannedore war eine Wucht! Wir folgten ihren Regeln, für die die Eltern sich den Mund schon vergeblich fusselig geredet hatten, und sei es die altbacksche, bei Kälte warme Strümpfe zu tragen. Statt des Gauleiters kam

als Redner nur sein Vertreter, der Stabsleiter –
was ist das überhaupt? – und überbrachte vom
Chef nur Grüße. Eine Enttäuschung! Aber der
Stabsleiter sah blendend aus und hatte nach wenigen Worten gleich das Publikum für sich. Er
wusste, wie man zu Jugendlichen redet, und forderte von uns wie ein älterer Bruder Ehrfurcht
vor den Eltern, die zwei Kriege und eine harte
Kampfzeit hätten durchmachen müssen. In der
Rede bezog er sich auf die Neujahrsbotschaft des
Reichsjugendführers. Nach Baldur v. Schirach
war das jetzt Arthur Axmann. Dessen Befehl zu
erhöhtem Einsatz im totalen Krieg sei ein Befehl zu nunmehr ständiger Verpflichtung. Den
Feind, der mit Bombenterror unsere Dörfer und
Städte verwüste, sollten wir abgrundtief hassen.
»Danach sind wir in Sechserreihen durch die
ganze Stadt marschiert. Schöneres, als mit der
HJ zu marschieren, kann es gar nicht geben! Es
sah so schön aus: Die Fahnen, die schwarzen
Uniformen der HJ und der Pimpfe, dazwischen
die blauen der Marine-HJ und die Musikzüge.
Dann kamen wir und zum Schluss die Jungmädel. Ab und zu blieb der Stabsleiter mit dem
Bannführer auf dem Bürgersteig stehen und
nahm den Vorbeimarsch ab. Wir sangen auch
gerade ein schönes Lied: Hart ist unsere Erde ...
Da hat er sich so sehr gefreut!« Der Stabsleiter,
stand in der Presse, war der, den ich so sehn-

lichst zurückgewünscht, aber jetzt nicht wiedererkannt hatte, Bannmeyer. Streng genommen auch ein Scharfmacher, wie mein Vater Hermann Matern charakterisierte. „Hass macht blind", sagte er zu mir. Wieso sollen wir Engländer für Bomben auf Berlin hassen, wenn wir selber London bombardieren? Auch der Spruch auf Koppelschlössern der Soldaten beider Nationen machte mir Schwierigkeiten zu hassen: Gott mit uns! Für wen soll Gott sich denn dann entscheiden? Na ja, doch wohl für uns, weil wir die Besseren sind und unser Führer der Nachfahre Kaiser Ottos I. ist ... Den Zeitungsbericht über die Propagandaveranstaltung »Hart und härter wird die deutsche Jugend sein« (ohne Verfasserkürzel) habe ich ausgeschnitten und Mitte Januar ins Tagebuch geklebt.

Der Kreistag zeigte schnelle Wirkung in unserem Alltag. Obere HJ-Führer wie Mekke Bopp, der auf Sportfesten die Durchsagen machte, wie sein Kamerad »Käse du Hotzler«, aus der Käserei Hotzler in der Kesselstraße stammend, und andere meldeten sich freiwillig zu den Waffen. Ende des Monats setzte die neue Bannmädelführerin Führerinnendienst an, um Nachfolgerinnen für deren Posten zu suchen. »Da brauchen wir z. B. ein Mädel, das Berichte schreibt, wenn am Standort was los war, und sie nachher in die Bannchronik klebt. Bisher hat das ein Junge gemacht, aber ich sehe nicht ein, dass das ein Mädel nicht können soll. Wisst ihr da jemanden?« Ilse aus der Mittelschule schlug die Lange Reimann vor. »Ruth? Warum sie?« »Weil sie immer die längsten Aufsätze schreibt.« Auch meine Gruppenführerin Uschi steckte dahinter. Hannedore war erfreut, obwohl sie den Posten eher meiner Cousine 2. Grades gegeben hätte, Ursel aus Klasse 8, Nichte des Redakteurs Willi Reimann. Als Mekke mit letztem Abschiedsgruß den Raum verließ, rief sie ihm begeistert hinterher: »Sag dem Bannführer, eine Presse hätten wir schon!« Ich komme darauf zurück, auch um zu berichten, was Ursel mit dem Posten erspart geblieben ist. Abgesehen von der Einschränkung, wieder Reimanns zweite Wahl zu sein, fühlte ich mich gebauchpinselt, hatte aber auch Bedenken. Berichten, was im Bann so los war, nichts leichter als das! Alle meine Erlebnisse schrieb ich ja sowieso brühwarm in Briefen an meine Tante Anna in Holstein und/oder ins Tagebuch. Ob ich aber auch sachlich kurz und knapp für die Zeitung schreiben könnte? Mitte Februar ergab sich mir die Gelegenheit, Zeitungsstil zu versuchen. In der Aula der Clausewitzschule fand eine Feierstunde statt, in der sich Bannmädelführerin Hildemarie Köllner verabschiedete und Hauptgruppenführerin Hannedore Reese als Nachfolgerin eingeführt wurde. Das war eine Arbeit für Dr. Dehnhardt (Kürzel: »dt.«) den Schriftleiter des Magdeburger »Der Mitteldeutsche«, dem Blatt, das Hopfers »Tageblatt« abgelöst hatte. Ich schrieb meinen Bericht ins Tagebuch, klebte den Zeitungsausschnitt von dt. daneben und verglich. Und siehe: Bei mir war etwas mehr Empathie – aber sonst alles ähnlich. Geht wohl. Es war der letzte Beitrag von dt., der nun auch »zu den Waffen eilen« musste. Schon kurz nach meiner Wahl zur »Presse« wurde es ernst. Ich bekam von der Bannführung den Auftrag, eine abendliche Sitzung in der Kreisleitung zu besuchen, die sich in der stilvollen Villa eines enteigneten jüdischen Firmenchefs am Schützenplatz befand. Mit dem Kreiskulturringleiter, Vertretern der Partei und HJ sollte die Totalisierung des Krieges besprochen werden, soweit sie das Kulturleben der Stadt Burg und des Umlands betraf. Als die Sitzung zu Ende war, war es draußen dunkel. Da bot mir Bannführer Hesse quer durch den Raum an, mich nach Hause zu begleiten. Zwar gruselten sich viele Burger Frauen und Mädchen, im Dunkeln allein durch den Flickschupark zu gehen, aber ich wehrte Begleitung ab: »Nicht nötig. Bin ständig im Dauerlauf unterwegs, mich kriegt so leicht keiner!« Ich kann gar nicht sagen, wie befremdlich ich die Begleitung eines erwachsenen Mannes fand. Ja, er war unser Bannführer, man duzte ihn. Auf der Banndienststelle hatte ich aber kaum mal ein Wort mit ihm gesprochen, wusste gar nicht, was ich auf dem langen Weg quer durch die Stadt mit dem fremden Mann erzählen sollte. Am Eingang zum Flickschupark schwächelte er. Ich musste ihn stützen, und das stelle man sich so vor, wie die spätere Bundestagspräsidentin Annemarie Renger, vorher Sekretärin des Parteivorsitzenden der SPD, Kurt Schumacher, ihren schwer kriegsversehrten Chef beim Betreten des Bundestags stützte und zum Platz geleitete. Vor der Brücke zur Ihlestraße blieb er stehen, wollte weiter nicht mitkommen. Zum Abschied küsste er mich da. Ich war perplex. Wie peinlich! Hoffentlich hatte Frau Bodenburg von drüben es nicht mit angesehen! Was sollte die von mir denken? Vor allem: Was sollte ich von mir denken? Eine Maurertochter und ein Offizier, das geht nicht! Mein Vater sprach davon, wenn ich einen Offizier heiraten wollte, und das wollte ich ja eigentlich, müsse er als Vater 5000 RM Kaution stellen, die er nicht habe, damit der Offizier mich ernähren könne, und der Offizier müsse mich zuerst seinem Vorgesetzten vorführen, der prüfe, ob ich keine dumme Pute und kein Flittchen sei und in ihre Kaste passte. Um entsprechende Bildung war ich erfolgreich bemüht, aber nun will mein Vorgesetzter mich zum Flittchen machen und

mir die Zukunft verbauen? Ich sagte zum Bannführer: »Wir vom BDM verehren deine Frau
wegen der vier Kinder«, der dürfe er nicht untreu
werden. Damit glaubte ich, ihn deutlich in seine
Schranken gewiesen zu haben. Er bestätigte mir
auch »sehr reife Gedanken« für mein Alter. Auf
jeden Fall musste er ungestützt den langen Weg
quer durch die Stadt bis zum Ende der Kaiser-
Wilhelm-Straße nach Hause gehen. Dieses war
der erste Streich, doch der zweite folgt, wenn
auch nicht sogleich ...

Hier mein Zeitungsbericht zur vorangegang-
enen Sitzung im Kreishaus:

»Alle Kraft dem Sieg! In der Kreisleitung Burg
trat der Kreis-Kulturring zu einer gut besuchten
Tagung zusammen. Kreiskulturleiter Dr. Herberg
sprach einleitend über die Maßnahmen zur Totalisierung des Krieges, soweit sie das Kulturleben
besonders der Stadt Burg betreffen. Nachdem
Künstler und Künstlerinnen der Wehrmacht oder
der Rüstungsindustrie zugeführt worden sind,
übernehmen nun Laienkräfte die Aufgabe, während ihrer Freizeit unseren Verwundeten in den
Lazaretten und den Schaffenden an der Heimatfront Entspannung zu bringen. ... In gleicher
Weise wird die Feiergestaltung zur Gefallenen-
ehrung und werden auch andere Veranstaltungen
in Händen von Laienkräften liegen. Die Hitler-
jugend wird dazu Chöre, Orchester, Fanfaren-

und Spielmannszüge zur Verfügung stellen ...
Die Tagung fand ihren Abschluss mit dem Ge-
löbnis, mit aller Kraft dem Sieg zu dienen.«

In einem zweiten, längeren Beitrag »Im
Dienste der Gemeinschaft« (ohne Datum) berichtete ich über den Verlauf einer Feierstunde,
während der einige BDM-Mädel in die Jugend-
gruppe des Deutschen Frauenwerks überwiesen
wurden. Die Veranstaltung diente zur Hauptsache beständiger Selbstverpflichtung und mo-
ralischer Aufrichtung. So begrüßte die Orts-
frauenschaftsleiterin (ohne Namen) die neuen
Kameradinnen so: »Wir müssen dem Führer
von Herzen danken, dass er uns so weit gebracht
hat, das Leben des Volkes höher zu achten als
das eigene.« Das haben wir damals geglaubt und
waren sehr verblüfft, als Dr. Tschersig am ersten
Schultag nach dem Krieg, 1. Oktober 1945, in
einer wahren Sternstunde politischer Umpolung
auf weimarische Demokratie sagte: »Kein Staat
der Welt hat das Recht, Leben und Gesundheit
des Menschen für seine Zwecke zu fordern.«

Sehr bald war mit meiner Zeitungsschreiberei
schon wieder gänzlich Schluss. Unsere Klasse 7
bekam eine Einberufung zu dreimonatigen
Kriegs-Hilfsdienst-Einsätzen mit vorherigen
Schulungskursen zum 1. April 1944. Wir konnten
wählen: Schulung für Lagermädelführerinnen

(Lmf) der Kinderlandverschickung (KLV) in Gardelegen oder (glaube ich) für Schulung zur Durchführung kultureller Darbietungen in Weimar. Wir waren sieben von etwa zwölf Klassenkameradinnen, die dem Ruf zur Kinderlandverschickung folgten. Dabei konnte ich meine Aufgaben als Pressevertreterin des Bannes 66 völlig vergessen. Weil ihre Gegend ständig unter Fliegeralarm geriet, waren Grundschulklassen aus dem Ruhrgebiet mit ihren Lehrerinnen bei ländlichen Familien in Mitteldeutschland untergebracht. Hier sollten sie ruhiger schlafen und ausgeruht zur Schule gehen können. Diesem Umstand verdankten wir schon einen Neuzugang in unserer Klasse, die liebe Edith aus Wuppertal-Elberfeld, die sich bei einer Burger Tante einquartieren durfte. Der Einführungskurs fand bei sehr guter Verpflegung in Gardelegen statt. Zu essen gab es »Pellkartoffeln und Stullen mit gar nicht wenig Butter«. Themen waren: Dienstgestaltung in der KLV, Spielearbeit, Kampfrichterschulung, Aufbau einer Sportstunde – dazu natürlich Kampf der HJ und NSDAP. Kursleiterin war Elfriede Rockahr, ein Urgestein des BDM mit Goldenem HJ-Abzeichen und Traditionsdreieck. Sie war klein und gar nicht hübsch, aber suggestiv, mit Augen, die jedem bis in die Seele zu blicken schienen. Ich hätte die Frau auf der Stelle heiraten mögen, so sehr wünschte ich, ihren Halt immer bei mir zu haben. An Freundin Irmi schrieb ich: »Andererseits wird hier jedoch nicht versäumt, uns klarzumachen, dass es wichtiger ist, ins KLV-Lager zu gehen, als Abitur zu machen, und das Tollste ist, dass man es sogar glaubt.« Eine Lagermädelführerin sollte für die evakuierten Schulkinder auf den Dörfern den üblichen HJ-Dienst durchführen, Singen, Spielen, Leibesübungen, Ordnungsdienst, weltanschauliche Schulung, am liebsten aber, nach Elfriede, als NS-Partei an Elternstelle präsent sein bzw. als NS-Partei ein Vermittler elterlicher Zuwendung. Die Briefe von zu Haus sollten nicht vom Postboten in die Häuser gebracht, sondern insgesamt von der Lmf vom Postamt abgeholt und im Anschluss an den Unterricht in der Klasse jedem Kind aufmunternd übergeben werden. Die Beglückung der Kinder über den Briefkontakt mit den Eltern werde dann auf die Partei übergehen und die Bindung stärken. Gemeinsame Wegstrecken sollten nicht mehr einzeln oder in Grüppchen gelatscht, sondern in Marschformation zurückgelegt werden. Auch besondere Beachtung der Geburtstage sollte der Akzeptanz der Partei dienen. Jeden Abend zuvor streifte ich also durch die Gegend, um in Feld und Flur einen kostenlosen Blumenstrauß zu pflücken. Diesen stellte ich den Jungmädeln bei ihren Quartierseltern vor die Haustür. Gleich morgens früh auf dem Schulweg konnte das Geburtstagskind dann über die Gabe der NS-Partei stolpern. Die Lehrerinnen reagierten wegen der Änderungen anfangs unwillig, doch erkannten sie mich bald als ungefährlich. Für sie war wichtig, dass ich die Klasse nachmittags bei den Hausaufgaben beaufsichtigte. Zwischendurch waren wir als Lagermädelführerinnen auch mal zu zweit. Wozu das, hat sich mir nicht erschlossen. Die Neue war ein Naturtalent in Führung, ging forsch ran, agierte mühelos. Die stach mich locker aus. Am Sonntag machte sie einen Trip nach Köthen, um dort »Minna von Barnhelm« anzusehen, und ich guckte in die Röhre. Doch hatte ich die Aufführung mit Ruth Willi als Minna und Peter Henning als Major v. Tellheim per HJ-Theaterring in Magdeburg schon gesehen. Dazu fällt mir jetzt ein: Ihre Beiordnung könnte die Inspektion der Gebietsführung gewesen sein. Wer einen Einführungskursus abhält, muss sich doch auch darum kümmern, ob die Geschulten damit an Ort und Stelle auch zurechtkommen? Mein Einsatzort war Osternienburg, ein Ortsteil der Gemeinde Osternienburg im Landkreis Anhalt-Bitterfeld. Zum kleinen Bauerndorf mit wenig Einwohnern gehörte eine Reihensiedlung in einigem Abstand vom Dorf für Arbeiter eines Werkes der Chlorkali-Elektrolyse, die um 1900

aus Westpreußen angeworben waren. Partei-
leben bemerkte ich im Dorf nicht. Ich kam in
der Hauptstraße bei einer unverheirateten Dame
mit sehr alten Eltern unter, für die eine Ein-
quartierung eine willkommene Abwechslung
und Aufmunterung war. Bei ihren Eltern hing
anstelle eines Führerfotos das Porträt eines
Herzogs von Anhalt-Zerbst an der Wand. Das
gefiel mir, dass man sich mit seiner Landschaft
und ihrer Geschichte identifiziert. Wir Burger
zwischen »Wir sind die Niedersachsen« und
»Steige hoch, du roter Adler« hatten keinen
solchen Fixpunkt an der Wand. Das Haus hatte
keinen Luftschutzkeller. Auf dem flachen Land
wurden Bomben auch nicht erwartet, wohl aber
Flaksplitter. Man sagte dazu, die Luft hier sei
eisenhaltig. Einmal saßen wir bei Alarm mit den
alten Leuten in einem Erdloch im Garten, das
dem Splitterschutz dienen sollte, dessen Schutz-
wirkung ich aber wenig vertraute und jetzt nicht
näher beschreiben kann. Gegen Splitter helfen
doch Hausmauern eher als angehäufte Erde im
Garten? Um meine Jungmädel auch an einem
freien Tag zu beschäftigen, etwa zu Pfingsten,
plante ich in guter Burger Tradition einen Aus-
flug ins Grüne. Aber wohin in einer Gegend, die
man gar nicht kennt? Wo sind hier heimatkund-
liche Anziehungspunkte? Nirgends – außer bei
Aken! »Die Elbe bei Aken«, allseits bekannt von

täglichen Wasserstandsmeldungen im Rundfunk wie auch aus der Fibel mit dem Schneemann-Rätsel: »Es kommt ein Mann aus Aken, der hat ein weißes Laken ...« Was ist ein Pegel? Das sollten die Kinder dabei lernen und das wollte ich zuerst auch mal selber gerne wissen. Gott sei Dank, dass diese waghalsige Sache gut zu Ende gegangen ist! Aken war nicht allein unser Ziel, sondern wegen seiner Metall verarbeitenden Betriebe auch das Ziel feindlicher Bomber. Kaum hatten wir die Stadt erreicht – wir standen vor einem Schilfgürtel noch am diesseitigen Ufer –, als drüben Bomben fielen und es gewaltig rummste. Flugzeuge brausten über uns hin, und mit tausend Ängsten verkrochen wir uns ins Reet. Danach: Lass den Pegel Pegel sein und nichts wie weg nach Haus! Ein Albtraum! Wenn ich nun nicht alle Kinder heil wieder zurückgebracht hätte ...!?

An Wochenenden fuhr ich nach Haus, auch um Wäsche zu wechseln! Da erlebte ich einmal ein Sportfest mit, als wäre ich gar nicht weg gewesen. Diese wunderbare Sportfestatmosphäre! Letztes Mal hatte ich beim Fahnenappell den Bannwimpel tragen dürfen. Diesmal sah ich zu, wie ich mich bei Freundinnen nützlich machen konnte. Anneliese war als Schiedsrichterin beim Hochsprung eingeteilt. Für sie hob ich gerissene

Hochsprunglatten auf und harkte die Sprung-
grube, damit sie in Ruhe protokollieren konnte.
Dabei beobachtete ich meinen als Liebhaber ab-
gewiesenen Freund Hans, Gefolgschaftsführer
der Motor-HJ aus der Franzosenstraße (Her-
mann-Göring-Straße). Der rannte bei den Läu-
fern jeder Langstrecke von Sieg zu Sieg, wobei er
es fertig kriegte, in jeder Runde auf mich zu gucken, ob ich ihn auch siegen sähe. Seine ihm zu
klein gewordenen Spikes hatte er mir geschenkt.

Die Bahnreise von Burg nach Osternienburg
war umständlich. Desgleichen die zurück. Ohne
beim Umsteigen in Magdeburg eine Stunde
oder mehr Zeit totschlagen zu müssen, ging es
nicht ab. Das war aber ganz in meinem Sinne:
vor der Ländlichkeit eine Stunde Großstadtluft
atmen! Hin zu den Schautafeln der Städtischen
Bühnen! Reisende nach Magdeburg wurden
schon seit 1939 in der Schalterhalle von einem
Wandgemälde des Magdeburger Malers Philipp
Müller empfangen: »Einzug Ottos des Großen
in Magdeburg«.[2] Romano Merk war es, der dem
bloßen Abbild des 12. Jahrhunderts in der Bahn-
hofshalle, der Plastik in der sechzehneckigen
Kapelle des Magdeburger Doms sowie dem
»Magdeburger Reiter«-Denkmal menschliche
Züge verlieh. Der HJ-Theaterring bot verbilligte

---

2 Stadtarchiv Magdeburg, Konstanze Buchholz 2023.

Eintrittskarten für Aufführungen der Städtischen Bühnen Magdeburg an und veranlasste auch Extraaufführungen für Jugendliche, nachmittags. Gerade lief Lessings Drama »Minna von Barnhelm«, das wir bei Fräulein Pott Szene für Szene durchgeackert hatten. Vieles vom Text konnte ich noch auswendig, deklamierte dieses und jenes während der Bahnfahrten vor mich hin, vergaß Ort und Stunde und fuhr das eine Mal über den Hauptbahnhof hinaus bis ins Abstellgleis. Ein anderes Mal rauschte ich über Burg hinaus bis Genthin. Auch nicht schlecht: In Genthin fand ich ein Antiquariat, das ich nach einem Schnäppchen zum Andenken durchstöbern konnte. Altbücher, dachte ich, verbinden mich mit verblichenen Gelehrten, die sie früher lasen und mir hinterlassen haben. Ruth Willy verkörperte nicht nur Minna von Barnhelm und Kaiserin Editha, sondern auch Lessings Emilia Galotti. In Goethes »Iphigenie« erlebten wir mit, was es wörtlich heißt, aus der Rolle zu fallen. Mitten im großen Eingangsmonolog ließ Iphigenie die betend zum Himmel aufgereckten Arme sinken und fragte ins Parkett: »War das nicht Alarm?« Fiktion ging plötzlich in Wirklichkeit über! Augenblicklich wurden alle Zuschauer in abgestützte Kellerräume geführt. Bomben krachten, Wände wackelten, es rieselte der Kalk. Da haben die meisten Burger Jugendlichen zum ersten und fast einzigen Mal im Krieg um ihr Leben gezittert. Peter Hennings verschaffte mir eine wahre Erleuchtung durch seine geschliffene Aussprache in hochedlem Bühnendeutsch, ähnlich viel später Will Quadflieg. Für Burger Mundartler zum Niederknien schön! Man sah ihn nicht nur als Herzog Heinrich und Major von Tellheim, sondern auch als Dieter Brummer, Kfz-Meister, in Jens Exlers »Tratsch im Treppenhaus«. Er konnte auch Lustspiel. Romano Merk hatten wir über ein Jahr nicht mehr gesehen, doch ich behielt ihn in seiner Rolle als Kaiser Otto in Erinnerung als »eine herrliche germanische Heldengestalt – scharf, schneidend, edel, stolz, gut und groß«, außerdem »blond, fanatisch, flammend, unheimlich, jähzornig, blitzend, herrlich, besonders«. Allen war meine Begeisterung für Romano Merk bekannt. Gerade auf der Bahnreise zu »Minna von Barnhelm« machte Edith aus Wuppertal mich auf eine Spur des Vermissten aufmerksam. In einem Schaukasten am Haus des Theaterfotografen Hans Lüdicke, Otto-v.-Guericke-Straße/Ecke Kantstraße wäre ein gerahmtes Porträt von ihm ausgestellt. Also nix wie hin! Hier war der Supermime in einer anderen Rolle zu sehen, sodass ich ihn nur mit Mühe erkannte. Er war es, aber in welcher Rolle? Sinnend blickte er auf einen Totenschädel in seiner Hand, als wenn er über die Vergänglichkeit des Lebens nachdächte. Was sagte dieser Blick? Von Shakespeare hatten wir in der Schule noch nichts gehabt. Stand ein englischer Dichter vielleicht auch gar nicht im Lehrplan? Schauspieler-Schwärmerei fand ich absolut hirnrissig, mochte mich als »Fan«, wie man heute sagt, nicht darstellen. Ich überwand mich aber, meine KLV-Lagerleiterin nach dem Stück zu fragen. Die Sache schien eindeutig: Wenn Totenschädel, dann »Hamlet«! Ist die Szene denn erschütternd? Fräulein Patzke wusste mehr: »Ja, erschütternd vielleicht für Hamlet, aber der Totengräber hat Humor, das gleicht Hamlets trübe Betrachtungen wieder aus ...«

Heutige Jugendliche sammeln Abbildungen und Werbung von Pop-Ikonen, unsereins im Backfischalter sammelte – außer Kriegshelden – auch Schauspielerporträts. Aber die Mangelwirtschaft bereitete allem ein Ende. Fotograf Lüdicke, den ich nach Merk-Porträts befragen wollte, hatte seinen Laden geschlossen. Also: selber knipsen! Ostern nach meinem zehnten Geburtstag bekam ich von meinen Eltern eine Fotobox, als Osterei versteckt. In der Küche unterhalb der Grude unter Putzlappen im Schuhputzkasten fand ich sie. Die musste jetzt so funktionstüchtig sein, Romano Merk durch das Glas des Schaukastens hindurch ohne Spiegelung aufzunehmen. Was würden die Passanten der Kantstraße von derartiger Albernheit wohl denken!? Um mich nicht vor so vielen Leuten genieren zu müssen, fuhr ich das nächste Mal einen Zug früher von Burg ab in der Hoffnung, die Kantstraße würde um diese Zeit fast unbelebt sei. Hamlet war um 6.30 Uhr im Kasten und zur Weiterreise nach Osternienburg nun noch endlos Zeit.

Romano Merk als Hamlet, Städtische Bühnen Magdeburg,
Eigener Box-Schnappschuss vom Aushang Kantstraße,
Photo-Lüdecke.
Magdeburg 1944.

Was hatte Magdeburg zu Romano Merk denn noch so zu bieten? Im Telefonbuch fand ich seine Wohnadresse – General-Maerker-Straße 6 (die von Ruth Willy und Peter Henning gab es nicht). Vom mir bis jetzt unbenutzten Bahnhofsausgang Wilhelmstadt (heute Stadtfeld?) aus machte mich mit Koffer und schwerer Tasche dahin auf den Weg. Unsere Familie besuchte regelmäßig Verwandtschaft im Hause des Ross-schlachters Gr. Storchstraße 1, Eingang zum Gängeviertel der Altstadt, »Knattergebirge« genannt. Auch kauften wir gern in Warenhäusern der Hauptstraßen ein, Karstadt, Woolworth, C&A. Jenseits des Editha-Rings traf ich nun mitten in der Großstadt ganz unverhofft auf eine wunderhübsche kleine Villensiedlung, eine in sich abgeschlossene andere Welt. Das Haus General-Maerker-Straße 6 war gekennzeichnet durch ein unscheinbares Schildchen »R. Merk« zwischen Namen zweier anderer Hausbewohner. »R. Merk« – nicht »Romano Merk«, warum? Romano klingt wie Musik – ein Künstlername? Ob er privat vielleicht Richard oder Rudolf heißt? Im Vorgarten boten Rote Johannisbeere und gelbe Forsythie, eng beieinander gepflanzt, eine schöne Farbharmonie, die merkte ich mir. Jetzt habe ich sie auch im Garten. Bei seitlichen Fenstern waren die Verdunkelungsrollos auch tagsüber unten, die zur Straße hin hochgezogen. War Romano Merk nicht zu Haus? Schon länger abwesend? Mit gehöriger Scheu pflückte ich mir vom Tränenden Herz einen kleinen Stängel zum Pressen im Tagebuch ab. Denn: Große Trauer war angesagt! Am 3.2.1944 hatte ich den schon länger ohne Datum herumliegenden Zeitungsausschnitt ins Tagebuch geklebt, warum der Verehrte hier seit eineinhalb Jahren nicht mehr aufgetreten war.

Romano Merk alias Kaiser Otto hatte einen Kunstbetrachter verdroschen und war vom Amtsgericht Magdeburg » ... wegen körperlicher Misshandlung und zugleich tätlicher Beleidigung zu einer Geldstrafe von 300 RM verurteilt«. Berücksichtigt wurde, dass er schon von der Reichstheaterkammer zu 1500 RM Ordnungsstrafe verurteilt und strafversetzt worden war. Im Wiederholungsfall drohte ihm Ausschluss aus der Reichstheaterkammer. Deren Chef müsste derzeit Eugen Klöpfer gewesen sein, den man aus »Jud Süß«, »Jakko« und »Die Zaubergeige« kannte. »Der Dussel hat ja selber schuld, der war schon immer so aufmüpfig«, hatte Elfriede Rockahr in Gardelegen zu Romano Merk zu sagen gehabt.

Wo war er geblieben? Meine Mitschülerin Jutta, mit der ich bei einer Hinfahrt nach Osternienburg zufällig in Magdeburg zusammentraf, leistete mir seelischen Beistand, als ich wagen wollte, mich im Wilhelm-Theater nach dem Verbleib von Romano Merk zu erkundigen. Nur der hintere Bühneneingang war offen. Dort fing ein Herr mich ab, der gerade herauskam und auf meinen Hitlergruß fragte: »Wo wollen Sie denn hier hin?« Ich antwortete bescheiden: »Ich wollte nur mal fragen, ob mir jemand sagen könnte, wo Romano Merk jetzt spielt.« Die Frage brachte ihn sichtlich in Schwierigkeiten. Lange brauchte er, um zu überlegen, was er sagen konnte, und rang sich durch zu: »Merk ... der ist jetzt in Chemnitz ... er ist dort engagiert am Schauspielhaus.« Jutta, die die Szene von der Straße her beobachtet hatte, sagte, das wäre auch ein Schauspieler gewesen. Wäre nicht Bombenkrieg gewesen, hätte ich fortan meine Freundinnen zu einer Radtour nach Chemnitz animiert!

Statt Marinefimmel nun Theaterfimmel bzw. sowohl als auch ...? Ich kam ins Grübeln. Mit mir stimmt was nicht! Einen Mann heiraten, der im Sommer U-Boot fährt und im Winter große Rollen auf Bühnen spielt? Das geht doch nicht! Wie sollte er die großen Rollen auf dem U-Boot denn einstudieren können? Mal wieder zweifelte ich an meinem Verstand. Also strafversetzt! Da hatte ich genug zu tun, mich zu fragen: Wie mag denn die Ehefrau sich zu solcher Blamage verhalten haben? Wahre Liebe stellte ich mir so vor: Jemanden als verlässliche Stütze haben. Also: Ich an ihrer Stelle würde zu ihm stehen und ihm den Rücken stützen! ... Meine Tante Anna wäre ja auch als Constanze Mozart bei der Beerdigung ihres weltbekannten Ehemannes trotz Sturm und Regen nicht zu Hause geblieben, und wir hätten jetzt nicht das betrübliche Ergebnis, dass die Welt nicht weiß, wo das Grab des Genies zu finden ist. Wer mag er wirklich gewesen sein, Romano Merk, und was ist aus ihm geworden? 1965 spielte er in dem Drama »Die sieben Balkone« den Großvater. Regie Thomas Fantl, 24.1.1965, ZDF. Sonst keine Spur im PC, bestimmt aber in Akten der Reichstheaterkammer, Laufzeit um 1943. Bundesarchiv, BArch R 56-III.

Mit Beginn der Sommerferien am 13. Juli 1944 war mein Einsatz in der KLV beendet. Die Kinder, wenn sie nicht von Verwandten eingeladen waren, sollten mit ihren Lehrerinnen in ein Freizeitheim nach Ilsenburg fahren. Und wie habe ich als Mädelführerin und Abgesandte der NS-Partei gewirkt? Wie ich im Tagebuch lese, bereiteten mir die Kinder mithilfe einer ihrer Lehrerinnen im Schularbeitenlokal eine wunderbare Abschiedsfeier. Wie in Erwiderung auf die Geburtstagssträuße aus Feldblumen bekam ich einen Strauß aus Gartenblumen, so groß, dass meine Hausmutter sagte: »Wie für eine Diva!«, außerdem Zeichnungen und Geschriebenes und ein gerahmtes kleines Hitlerbild. Was hatte das zu bedeuten? Dass die Deutschen anfingen, sich seiner zu Hause zu entledigen? Der Abschied von Osternienburg fiel mir bitter schwer. Mit der einsamen Dame in der Hauptstraße blieb ich noch lange in brieflichem Kontakt. Bei der Taufe meines jüngeren Sohnes ließ ich sie mit als Patin eintragen, zum Zeichen der Verbundenheit zwischen Ost und West. Auch auf der Gebietsdienststelle fand eine Verabschiedung statt. » ... das Märchenspiel Till Eulenspiegel, die Ansprache des Gebietsbeauftragten und der letzte Händedruck mit ihm und Elfriede Rockahr – das alles liegt nun hinter mir.« Was mich danach wieder aufrichtete, war eine Reise zu meiner Tante Anna nach Holstein.

Als Klasse 7 nach den Sommerferien wieder vereint war, brach unter musisch Gepolten aus Weimar und den »Frontschweinen« der KLV ein Krieg aus, mit dem sich auch das Kollegium beschäftigen musste. Um zu erfahren, was eigentlich los war, brauchte Dr.T. bloß wieder einen Aufsatz schreiben zu lassen: »Meine Klasse unter sich und im Verhältnis zu anderen«. Nachdem der Kessel explodiert war, trat Einsicht ein. Die Gemüter wurden ruhiger. Zum Schluss kam Lore von der Zimmerstrecke auf mich zu und sagte: »Du musst jetzt unsere Klassensprecherin werden, du bist so schön neutral!« Ich neutral? Eher unschlüssig! »Ich sehe mich in vielen Dingen zwischen zwei Möglichkeiten gestellt. Wenn ich mich dann für die eine entscheide, dauert es nicht lange, und ich empfinde die andere als besser.

Dabei bleibt es aber nicht, und so kehre ich wieder zur ersten zurück. Das alles empfinde ich als einen unbedingten Mangel.« (Aufsatzfragment mit Note 2 T. 6/3). Als Klassensprecherin gab es für mich in Zukunft aber weiter nichts zu tun, als Lehrkräften im Namen aller Mitschülerinnen zum Geburtstag zu gratulieren.

Während unserer längeren Abwesenheit in der KLV war ein Altenheim aus dem bedrohten Ruhrgebiet in die Luisenschule Schartauer Straße eingezogen. Nur das Büro des Direktors genau über der Eingangstür blieb an Ort und Stelle. Die Schulklassen waren in Gastwirtschaften und anderen im totalen Krieg verlassenen Einrichtungen untergebracht. Meine Klasse 7 hauste einige Monate auf dem Dachboden des Finanzamtes in der Bahnhofstraße, weit hinter dem Schützenplatz. Für fast alle Mitschülerinnen traf sich das gut, sie wohnten hier in der Nähe oder kamen vom Zug. Nur ich hatte von der Ihlestraße her einen weiten Schulweg, und erst recht Ille aus der Fichtestraße, ganz hinten in der Siedlung-Ost! In Burg, sagte man, wird man auf dem Fahrrad geboren. Aber zur Schule ging man zu Fuß, und Abstellplätze für Räder waren kein Thema. Da oben in »Sperlingslust« mit romantischem Blick über die Dächer der Stadt fühlten wir uns spitzwegerisch wohl! Mal was anderes! Die Lehrkräfte hetzten

zwischen weit auseinanderliegenden Einsatz-
orten hin und her und kamen oft zu spät, was
uns nicht weiter störte. Bei so viel Fehlzeiten in
der Schule ist es wohl kein Wunder, dass Dr. T.,
wenn wir mal vor ihm saßen, die Hausaufgaben
genüsslich vervielfachte.

Im August 1944 wurde in Burg das Lustbarkeitsverbot von 1942 wieder außer Kraft gesetzt, und
zwar durch Wehrmacht und Partei höchstselbst.
Geheim! Nichts für die Zeitung! Major Alfred
Müller, Chef der Sturmgeschützschule in der
Neuen Kaserne, auch Stadtkommandant, wollte
mit Einverständnis des Kreisleiters Ernst Lange
jungen Offiziersbewerbern, so sehe ich es heute,
vor ihrem kommenden schweren, eventuell töd-
lichen Kampfeinsatz noch einmal altersgemäße
Freuden gönnen. Beide dachten auch an die Ver-
ringerung der Vorräte an Casinowein, den man
vor Ankunft von Besatzern in der Ihle entsorgen
müsste ... Eines Tages, als Schülerinnen weiter-
führender Schulen nach der großen Pause wieder in die Klassenzimmer kamen, lag auf jedem
Platz das persönliche Schreiben eines Offiziers-
bewerbers des Lehrgangs II/6 mit der Einladung zu einem Kameradschaftsabend Anfang
September. Das war ja ungeheuer! Man »ging«
mit einem Schüler, den man aus der HJ kennen
konnte, dagegen mit Soldaten der Garnison ließ

man sich nicht ein! Außer man war ein Flittchen. Dieser Kameradschaftsabend sollte aber etwas ganz Besonderes sein. Der Ablauf streng nach Tanzschulvorschrift stand unter der Schirmherrschaft von Major Alfred Müller und Bannmädelführerin Hannedore Reese persönlich. Hannedore, Typ junge stämmige Landedelfrau, war ein Muster an altbackener Seriosität. Da konnte niemand etwas passieren. Beim BDM lief der Kameradschaftsabend unter »Hausball im Seeschlösschen«: Der Herr holt die Dame von zu Hause ab und übergibt der Mutter eine Rose zum Zeichen, dass er die Entführte unbeschadet wieder zurückbringen würde. Uns Sechzehnjährigen war es lieb, unsere Konfirmationskleider in Schwarz bis Dunkelblau noch einmal festlich zur Geltung bringen zu können. Anderes im Kleiderschrank passte ja auch nicht mehr. Hannedore kam im geblümten Sommerkleid und sagte: »Alle in Schwarz? Da fühle ich mich ja wie auf meiner eigenen Beerdigung.« Es war unser erstes gesellschaftliches Auftreten überhaupt. Ohne Tanzkurs konnten wir Gesellschaftstanz nicht kennen, waren aber rhythmisch nicht ungeübt, nämlich firm in Volkstanz. Der mir zugefallene Tanzpartner Karl G. kam zu uns nach »Ihle 13« eine ganze Weile verspätet und entschuldigte sich damit, dass er mich erst habe suchen müssen. Er war der Sohn eines

Schokoladefabrikanten von irgendwoher süd-
lich, sagte er Stuttgart?, der seine Tanzpartnerin
in Bodenburgs schönem Haus an der Ihle ver-
mutete. Bodenburgs Töchter waren altersmäßig
aber wohl schon fort in den Arbeitsdienst. Sie
und ihr Vater kehrten nach dem Krieg nie wieder
nach Burg zurück. Karl passte gesellschaftlich
nicht in die Ihlestraße, nicht für meine Mutter
und erst recht nicht für mich. Ein Industrieller!
Googelt man den Nachnamen in Verbindung
mit »Schokolade«, kommt eine Bioschokolade-
Firma in Münster/Westfalen heraus. Aber man
sollte doch nicht gleich heiraten, sondern nur
als Paar einen Ball besuchen! Da saßen wir dann
mit milder Bowle an unseren Tischen, gespannt,
wie Major Müller in seiner Begrüßungsrede
den Bruch des Lustbarkeitsverbots begründen
würde! Und das gelang ihm auf eine derart fa-
bulierende Weise, dass Männlein und Weiblein
sich wie verzaubert fühlten. Das heutige Geschehen sollten wir als einen Traum werten,
nicht als Wirklichkeit, niemandem erzählen und
morgen wieder vergessen haben. Nichtsdesto-
weniger stellte er uns einen jungen Offizier vor,
der hier sei, um von ihm die Durchführung eines
Festes zu lernen, und der das nächste leiten
würde, da er selbst von nun an verhindert wäre.
Noch nie hatte ich eine derart liebenswürdige
Ansprache mit derart feinsinniger Geistigkeit

gehört. Was für eine charismatische Persönlichkeit, der Truppenführer! Der Nachfolgegastgeber mit seiner Dame wechselte den ganzen Abend von Tisch zu Tisch, um sich mit allen Gästen einmal zu unterhalten und alle gleichmäßig beachtet zu haben. Mein Sturmgeschütz-Schüler kümmerte sich wohlerzogen um mich, ich war aber nicht böse, wenn er zu besseren Tänzerinnen und weniger verklemmten Jugendlichen abschwirrte. Denn auch die Mauerblümchen kamen auf ihre Kosten. Künstler unter den Soldaten boten ein staunenswert professionelles, abwechslungsreiches Unterhaltungsprogramm. Klasse! Nach dem Ball verabredeten sich BDM-Mädchen und Soldaten zu privaten Treffen. Auch Karl nannte mir Ort und Termin, ist dahin aber zum Glück nicht gekommen. Ein zweiter Hausball im Seeschlösschen lief wie der erste ab, nur dass Hannedore und Major Müller fehlten. Danach musste der junge maître de plaisir erleben, wie ihm die Leitung immer mehr entglitt. Bald war der Hausball der behüteten Töchter und angehenden Offiziere von einem ordinären Proletenschwof nicht mehr zu unterscheiden. Dabei bildeten sich Paare und Freundeskreise, die auf Treffen zu Tanzvergnügen allein gar nicht mehr angewiesen waren.

In einer lauen Septembernacht 1944 schreckten

die schlafenden Burger im Donnergetöse und Zischen von Bombenabwürfen auf. Wir in »Ihle 13« eilten mit rasendem Herzklopfen in atemloser Hast in den Keller. Hauswirtin Liesbeth sah ich, ihren etwa zehnjährigen Sohn schlafend in seinem zum Beutel zusammengerafften Bettlaken auf dem Buckel, die Treppe hinunter asten. Doch nun blieb es still. Frau Düsterbeck aus der Dachwohnung und ich sahen vom oberen Flurfenster aus einen Kegel von etwa 40 Scheinwerfern am Himmel, dem ein Flugzeug vergeblich zu entkommen suchte. Die Piloten in ihrer Not hatten die Maschine wohl ohne Ziel um ihre Bombenlast erleichtert. Schlüters Zimmerstrecke in der Holzstraße brannte und beleuchtete die Oberkirche »Unser Lieben Frauen« wie zu einem großen Stadtfest. Ganz Burg kam nachts auf die Beine, um die Stadt in Beleuchtung zu erleben. Vom Abhang zum Urstromtal Nordstraße sprintete ich der Hausgemeinschaft davon, um nach dem Wohlergehen meiner alleinstehenden Oma auf dem Treppengang und den Großeltern in der Blumenthaler Straße zu sehen. Als ich Unterm Hagen nach Hause zurückging, stellte ich fest, dass dort alle Fensterscheiben zu Bruch gegangen waren. Geräuschvoll watete ich auf dem Bürgersteig durch Scherben, wie man im Flickschupark zur Herbstzeit durchs Falllaub der Platanen watet. Am Morgen darauf fiel der

Unterricht aus. Höhere Schulklassen und ihre Lehrer sollten den Schutt beiseite räumen. Als Tochter eines Maurergesellen tat ich diese Arbeit gern. Zwei Organisationsgenies aus unserer Klasse besorgten das nötige Handwerkszeug, und wir haben zu dritt oder viert hinter der Musikschule von Fräulein Roek ein ganzes Zimmer leer geräumt, indem wir den Schutt durch die »öden Fensterhöhlen« auf die Ladefläche eines zufällig unten parkenden Lasters schaufelten. Von da oben sahen wir: Es gab Schülerlein und Lehrerlein, die gingen vorne rein ins Haus und kamen zur Hoftür hinten unverrichteter Dinge gleich wieder raus. Auch das Gebäude in der Grünstraße, in dem wir Sammelergebnisse abgerechnet hatten, war getroffen.

Am 15. September erhielt ich ein Schreiben, das mich an meinen Posten als Bannpressestellenleiterin erinnerte. Es war die Aufforderung zu einer Rücksprache auf der Gebietsdienststelle in Magdeburg, am 18. um 10 Uhr. Dazu musste ich einen Tag schulfrei nehmen. Telefonisch einen anderen Termin zu vereinbaren, kam mir nicht in den Sinn. Ich hatte noch nie telefoniert. Telefone hatten nur Geschäftsleute und Ämter. Ich musste erst von Uschi lernen, Vertrauen dazu zu fassen: »Huch, eben habe ich was gehört ...« Ein Gaudi für alle Umstehenden! Ursache für meine Einbestellung durch Lotte war wohl, dass ich zu einer Pressestellenleiterschulung nicht erschienen war. Januar war es gewesen, als ich die Aufgabe übernahm, zu »schreiben, was am Standort so los war«. Dann kamen mein KLV-Einsatz und die Sommerferien. Andererseits verzögerte sich die Einberufung meines Vorgängers zur VI-Versuchsstation Peenemünde, Wolfgang N., sodass er während meiner längeren Abwesenheit auf Posten geblieben war. Schreiben von der Gebietsredaktion konnte er als an sich gerichtet ansehen, und so war er wohl auch dem Ruf zur Schulung gefolgt und hatte bei den Veranstalterinnen Irritationen ausgelöst. Es musste einmal Klarheit über die Besetzung des Postens geschaffen werden! Wolfgang, die reinste »Intelligenzbestie«, war als Zeitungsschreiber bereits Routinier, ausgestattet auch mit zeichnerischen Gaben. Außerdem wusste er, was ich nicht ahnen konnte: Mit dem Berichtschreiben und Ausschnitte-in-die-Chronik-Kleben war es nicht getan! Der Posten war die Stelle eines hauptberuflichen Bannpressereferenten. Auf der Banndienststelle erlauschte ich im Vorübergehen ein Gespräch meiner Gruppenführerin Uschi in kupplerischer Absicht mit meinem derzeitigen Schwarm Werner, Gefolgschaftsführer der Marine-HJ: Wenn ich mich beim Zeitungsschreiben gut machte, würde sie versuchen, bei

Bannmädelführerin Hannedore ein Stipendium für ein Studium für mich herauszuleiern. Es gab mehrtägige Schulungen und Schreibwettbewerbe unter Bannpressestellenleitern, worauf ich mich niemals eingelassen hätte. Auch dieser Einladung, die Wolfgang wahrnahm, wäre ich nicht gefolgt. Ich war zuerst Schülerin und brauchte das Abitur, also Brief und Siegel dazu, dass ich den aufgestiegenen, eingebildeten entfernt Verwandten das Wasser reichen konnte. Darüber mochte der Krieg verloren – und die Welt untergehen ... An Lotte Burmeisters Stelle empfing mich ein junger Herr, mit dem ich erstaunlich schnell in ein Gespräch über Berufsfragen kam. Ob ich Schriftleiterin werden wolle? Nein, Berichterstatterin! Das gäbe es nicht. Nur Schriftleiterin in einem Büro? Das ist ja das Letzte, in einer Kleinstadt versauern zu sollen! Auf jeden Fall hätte man viel zu lernen, denn man müsse in allem bewandert sein, vom Cocktailrezept bis zum Linksaußen beim Fußball, was ich schon bemerken musste. Der Ausbildungsweg: Abitur, sechs Semester Zeitungswissenschaft, nebenbei zwei andere Fakultäten, Promotion zum Dr. phil., Volontärzeit von 6 Monaten ... da schwirrte mir der Kopf! Lotte kam dazu und fand mich viel zu jung. Besseres hatte Burg im totalen Krieg eben nicht zu bieten. Ursel aus der vornehmen Reimann-Sippschaft war ja auch nur ein Jahr älter. An Fachliteratur erhielt ich ein dickes Heft, in dem das Wichtige schon angestrichen war: »Wie schreibe ich einen Zeitungsartikel?« Das las ich gleich im Zug: Ein Zeitungsartikel ist kein Schulaufsatz. Man unterscheidet Nachricht, Bericht, Reportage, Interview, Feuilleton, Leitartikel, Lokalspitze ... Darauf geht man mit den fünf W-Fragen los: Wer? Was? Wann? Wo? Warum? Hochinteressant! Mit vielen guten Ratschlägen kehrte ich heim. Ich sollte mich an meinen Vorgänger halten und mich von ihm bei der Schriftleitung einführen lassen. Wolfgang wusste schon Bescheid. Er konnte mich gut leiden, entdeckte seine Verwandtschaft mit unserer lieben Nachbarin Martha neu und kam jetzt öfter ins Haus, um sie zu besuchen und beiläufig bei mir einzugucken. Martha sagte zu mir: »Den nimm man, Rutti. Bei dän hastes ma jut, der hat Jeld.« Aber trotz all seinem Wohlwollen: Meine Wahl zur Pressereferentin hielt er für eine Katastrophe, die er gern verhindert hätte, nicht nur, um den Posten behalten zu können. Am Abend war eine Veranstaltung zur Berufsberatung angesetzt, da traf ich ihn. Wir saßen nebeneinander, damit ich ihm einige Kniffe abgucken könnte. »Es ist toll, was der Mann auf seinem Gebiet so kann. Es braucht nur etwas gesagt zu werden, gleich hat er das StichwortStichwort notiert.« Ich war so beeindruckt, dass ich schlecht schlief und dachte: Was geht mich Journalismus eigentlich an!? Wenn ich dazu aber nicht berufen bin, wozu denn dann?« (Tagebuch) Um mich dem Schriftleiter Willy Haferland (Kürzel W. Ha.) vorstellen zu lassen, traf ich mich mit Wolfgang in der großen Pause vor unserer Schule. Die Schriftleitung von »Der Mitteldeutsche«, Nachfolger des hopferschen »Tageblatts«, lag gleich nebenan, Ecke Schartauer-/Böttcherstraße, ehemals ein Herrenbekleidungsgeschäft zweier Brüder jüdischen Glaubens. Auf den Schriftleiter war Wolfgang schlecht zu sprechen: Ein Autodidakt, der in der Jugend bei Hopfer als Sportreporter angefangen hatte. Abiturienten könne der nicht leiden. Mit dt. sei er besser gefahren. Bei ihm hätte man auch mal was Eigenes bringen können wie »Die Stare sind wieder da!«

Der jetzige Redakteur, ein ansehnlicher Mann mit interessanten grauen Schläfen, begrüßte uns freundlich. Ob ich Schriftleiterin werden wolle? Nein, Berichterstatterin! »Sie will nach Ostasien«, warf Wolfgang eilig ein. Sollte heißen: »Vorsicht! Spinnt!« Aber W. Ha. hörte bloß »Reimann«. »Sind Sie verwandt mit meinem Berufskollegen Willi Reimann?« Was sagt man denn da, wenn man weiß, dass ihm unsere Verwandtschaft unangenehm ist? Ich druckste herum. »Nein! Kann sein. Vielleicht ..., weiß nicht.« »Sind Sie verwandt mit Spendieronkel Specht und Luise?« bohrte der Schriftleiter weiter. Naja, meine verstorbene liebe Tante Ise und Onkel Specht in Neujork verleugne ich der vornehmen Reimanns wegen nicht. Also: »Willkommen in der Redaktion, schöne Mitarbeiterin!« Gleich lud W. Ha. mich zu einem Kinoabend ein, um mich seiner Frau vorzustellen, denn da er über die Filme berichtete, kam er im Palast- und im Roland-Kino mit Begleitung umsonst rein. Was sahen wir denn? »Die Zaubergeige« mit dem wunderbar schönen Will Quadflieg in der Rolle eines inspirierten Musikers, der für seine Leidenschaft sogar die Liebe vergisst?

Quadflieg – das Beste kommt noch: »Faust« mit Gründgens als Mephisto, nach dem Krieg, in Hamburg.

W. Ha. dachte ebenfalls, ich sei auf der Journalistenlaufbahn und könnte ihn zur nächsten Redakteurstagung nach Gardelegen begleiten. Da musste ich ihn – Berufskollege hin oder her – sehr enttäuschen. Regimegegner Direktor Dr. T. fiel es nicht ein, wegen unserer Sonderaufgabe im totalen Krieg die Hausaufgaben zu verringern, eher beabsichtigte er das Gegenteil, nachzuholen, was wir alles versäumt hatten, irgendwie auch mit Sadismus. Per Post schickte mir die Gebietsredaktion die reine Wissenschaft, nicht zur Banndienstelle, sondern ins Haus: »Zeitungslehre I. und II« von Emil Dovifat, dem Journalisten-Papst. Sein Vorwort, in dem er Journalisten als Künstler stilisiert, gefiel mir sehr. Er war ein großer Judenhasser. Naja, Judenhass war eben Trend, stehende Redewendung, Worthülse, wurde gewohnheitsmäßig abgespult – aber blabla – Papier ist geduldig ... Wie ich mich erinnere, bekam ich von der Gebietsredaktion auch Informationsblätter zugeschickt, einmal mit dem Auftrag, Burger Leser vor einer anberaumten Sammelaktion über die Entwicklungsstadien des Kartoffelkäfers aufzuklären. Die Engländer sollten den Schädling aus Flugzeugen abgeworfen haben, um unsere Ernte zu dezimieren. Ein andermal ging es um die richtige Trocknung gesammelter Heilkräuter. Unsere Klasse sammelte Beifußpflanzen für den Magen. Für die Drogerie Kurze war der Segen nicht gedacht. Wie ich glaube, wurden die großen Pflanzen auf dem Hausboden der Schule unter dem Dach ausgelegt. Um die weitere Betreuung müsste sich dann die Biologielehrkraft gekümmert haben. Jeden Montagmorgen mussten sich alle Lehrkräfte darin abwechseln, vor dem Unterricht aus Haushalten ihrer Schülerinnen ausgekochte stinkende Knochen als Spende kriegswichtiger Wertstoffe entgegenzunehmen, sie abzuwiegen und zu notieren, was über jeweiligen Sammeleifer in die Zeugnisse geschrieben werden konnte. Zu einem Fußballspiel unserer Pimpfe gegen die in Gerwisch fuhr ich nicht mit. Von Fußballregeln verstand ich nichts, und pöbelnden Pimpfen meine kostbare Zeit zu opfern, kam nicht infrage. Am 24. September stand mein erster Artikel als Mitarbeiterin der Redaktion in der Zeitung. Thema: Der musische Wettbewerb der HJ. Der Sieger des vergangenen Sommers gründete eine Arbeitsgemeinschaft Musik und lud zu einem Musikabend ein, der Leben und Werk Mozarts gewidmet war. Unsere Musiklehrerin Fräulein Biermann sang drei Arien aus Figaros Hochzeit. Ein Abend mit dem Thema Beethoven sollte kommen. Jeden Artikel – egal zu welchem Thema – schloss ich mit der Verpflichtung durch Bannmeier vergangenen Januar, wir wollten weiterarbeiten, »bis dass der Endsieg unser ist!«.

Meine gedruckten Beiträge klebte ich nicht nur in die Bannchronik, ich sammelte Zeitungsausschnitte auch für mich und klebte sie in ein gewöhnliches Schulheft. Als mein Vater das letzte Mal auf Heimaturlaub kam, gab ich ihm das Heft zu lesen. Er war verwundert, dass ich in seines Vetters große Fußstapfen getreten war, prüfte alles sehr genau und sagte: »Hat keine Ahnung von Ackerbau und Viehzucht, aber alles richtig!« Als ich 1946 die russische Einflusszone verächtlich verließ, habe ich das Heft im Ofen verbrannt. Über die grüne Grenze konnte ich es nicht mitnehmen, und bei meiner Mutter in der Wohnung durfte es nicht bleiben. Sie fürchtete Hausdurchsuchungen. Schweren Herzens hatte ich deswegen schon alle meine »Nesthäkchen«-Bände der jüdischen Schriftstellerin Else Ury verschenkt. »Nesthäkchen im Kinderheim« auf Amrum aber nicht!

Oktober war es – als das passiert ist, was ich gern als ungeschehen ansehen wollte, das Husaren-stück des Bannführers Otto Hesse. Nichts für die Zeitung! Für »unter die Decke«! Dank Ex-Bannpressestellenleiter W. N. standen die Hintergründe dazu schon am 6. August in der »Burger Zeitung, Region Ziesar, Loburg und Görzke«. Demnach stellte die Deutsche Arbeits-front der schaffenden Jugend des Heimatbanns das idyllische Waldhaus »Rosenkrug« für Schu-lungen zur Verfügung. Auf Jungarbeiter folgten Pimpfe, die sich für das DJ-Leistungsabzeichen vorbereiteten. Der Tag war ausgefüllt mit Sport, Ordnungsdienst und weltanschaulicher Schu-lung. Das Lagerleben der Pimpfe im Sommer-lager wird in düsteren Farben näher geschildert von Erhard Hayeß, S. 29. Was W. N. in der Presse beschrieb, muss der zweite Lagerdurchgang ge-wesen sein. Mich betrifft der dritte im Herbst,

als um die wunderbar majestätischen Tannen
vor Rosenkrug die Nebel wallten.

Das Waldhaus Rosenkrug

Zeichnung in: Burger Zeitung, Region Ziesar, Loburg und
Görzke«, 6. Oktober 1944.

Mag sein, dass den erwachsenen Ausbildern das
Leben mit den Pimpfen in der Einsamkeit zu
eintönig wurde, sodass sie darauf verfielen, so
sehe ich es, sich mit waghalsigen Wetten Abwechslung zu verschaffen. Bannführer Hesse
kriegte es tatsächlich fertig, mich wegen eines
geplanten Schäferstündchens aus dem Unterricht herauszuholen.

Klasse 7 saß gerade bei Studienrätin Annemarie Propp in Mathematik, als sich die Tür
auftat und der Direktor erschien, Oberschulrat

Dr. Tschersig. Er habe mir vom Bannführer die Order zu überbringen, mich mit der Kleinbahn sofort nach dem Schulungslager Rosenkrug zu begeben, Abfahrt Zerbster Tor dann und dann. »Proppmarie« sagte kopfschüttelnd: »Kann die Partei uns jetzt schon die Schüler aus dem Unterricht holen?« Fräulein Propp war mir lieber als der Bannführer, aber Mathe war meine schwächste Seite. Wenn der Bannführer derartige Umwege nicht scheute, die Pressebeauftragte aufzuspüren, musste er etwas ganz Spektakuläres für die Öffentlichkeit zu berichten haben. Vielleicht hatten Pimpfe auf dem alten Truppenübungsplatz Altengrabow einen Spion aufgegriffen? Also machte ich mich auf den Weg. Ich konnte gar nicht erwarten zu erfahren, was es denn Neues zu berichten gäbe. Bei der gemeinsamen Mahlzeit mit Lagerbesatzung und Unterführern fragte ich den Bannführer: »Worüber soll ich denn schreiben?« »Das sage ich dir gleich in meinem Zimmer«, erwiderte er. Pimpfe hörte ich Anzügliches raunen, aber darauf gab ich nichts, das war für sie ja ganz normal. In seinem Zimmer setzte ich mich auf den Schreibtischstuhl vor den Schreibtisch, aber statt schreiben zu können, wurde ich auf den Schoß genommen und karessiert, schließlich dann zum Auseinanderfalten auf einen Tisch genau gegenüber geschmissen. Ich wehrte mich mit

Händen und Füßen, fuchtelte, strampelte und trat so lange – endlos lange – bis plötzlich von mir abgelassen wurde. Warum weiß ich nicht. Also nichts wie weg! Küchenfrauen, die auf der Diele Stapel von Tellern vorbei trugen, haben gesehen, dass ich das Zimmer des Lagerleiters in Panik verließ, und müssten sich ihr Teil gedacht haben. Erlebten sie so etwas öfter? W. N. schrieb im August: »In der erst neu eingerichteten Küche (die es im Kurs des Pimpfen Erhard Hayes zuvor offenbar noch nicht gab) sorgen acht BDM-Mädel unter der Leitung einer erfahrenen Hausfrau für die Ernährung der Jungen ...« Und unter ihren Augen so etwas? Andererseits: Hätte der Bannführer sich im Haus nicht bequemer bedienen können?

Auf dem Weg vom Kleinbahnhof bis »Rosenkrug« hatten mich zwei HJ-Führer meines Alters esccortiert. Den Rückweg zum Kleinbahnhof musste ich allein finden. Ein Glück, dass ich mir Einzelheiten der wiederum ganz anderen Landschaftsform gemerkt hatte. Ich fand die Station, aber ach! Die Bimmelbahn kam erst in Stunden gegen Abend wieder hier vorbei. Gerne hätte ich die Zeit am Bahndamm genutzt, um Schularbeiten zu machen, denn meine liebe Schultasche war immer dabei. Aber der Tag war trübe und kalt. Es wurde früh dunkel. Eine schmutzige Lampe verbreitete ihr fahles Licht, da kam die Bimmelbahn endlich angezockelt. (Sprichwort: »Blumen pflücken während der Fahrt verboten!«) Meine Mutter Trudchen hatte nach Feierabend zu Hause keine warme Mahlzeit vorgefunden, empfing mich wütend und sagte etwas, das mich sehr erschreckte: »Wo warsten so lange? Hast dich woll mit'n Kerl rumjedrieben?« Wie kam sie darauf? Den Anlass hatte ich ihr noch nie gegeben? Was wirklich passiert war, konnte ich keinem Menschen anvertrauen, nicht ihr, nicht Dr. T., nicht Hannedore! Das sollte auch nicht ins Tagebuch! Es sollte gar nicht geschehen sein! Erinnerung an Mittelschullehrer Vogt, Nachfolger von Fräulein Pott: »Des Königs Name meldet kein Lied, kein Heldenbuch, versunken und vergessen! Das ist des Sängers Fluch!« (Uhland). Von der Festplatte gelöscht – wie man sich im elektronischen Zeitalter heute ausdrückt – war das Geschehen aber nicht. Am 27. Dezember 1944 überdachte ich das zurückliegende Jahr und hielt es für ratsam, doch wenigstens eine Notiz darüber festzuhalten, obwohl mir die richtigen Worte fehlten. Ich schrieb: »Ein Flirt mit Bannführer Hesse« – wo es doch versuchte Vergewaltigung hätte heißen müssen. Und dann habe ich das Vorkommnis doch noch an die große Glocke gehängt! Schließlich war das ganze Abenteuer ja von Anfang an öffentlich abgelaufen. Meine

Lehrer waren beteiligt, die Lagerbesatzung, die Küchenfrauen, die Pimpfe ... Einmal, auf dem Weg zur Stadt, rief am Anfang der Deichstraße ein Pimpf »Bannführerliebchen« hinter mir her. Ich sprintete, um ihm eine runterzuhauen, aber er entkam in verschachtelten Hinterhöfen. Dort dicht beim Park müssen besonders vergrätzte Leute gewohnt haben! Als ich einige Jahre später im westlichen »New Look« gekleidet (mit größerer Rocklänge) auf Heimaturlaub auf der linken Straßenseite mit Ursel aus Schartau stadtwärts ging, bin ich an etwa derselben Stelle von einem Halbstarken geprügelt worden. Meine stämmige Freundin hat ihn abgewehrt. Einen Zusammenhang mit dem, was den Pimpfen bewegte, kann ich nicht sehen.

Mehr als sechzig Jahre nach dem Erlebnis »Rosenkrug« fand ich in unserer »Glückstädter Fortuna« überraschend eine kleine Annonce, wie es sie wohl in jeder kleinen Regionalzeitung gegeben haben muss: »Walter Kempowski sucht händeringend Tagebücher, Briefe und Fotos fürs Archiv.« Er war mein Lieblingsdichter der Nachkriegszeit, weit vor Günter Grass, den ich für unappetitlich hielt. Kempowski im Gegensatz dazu schildert Zeitumstände mit hintergründigem Humor in »Tadellöser & Wolff« und »Uns geht's ja noch gold«, mit Edda Seippel verfilmt. Der

Dichter war inzwischen zum literarischen Chronisten geworden. Er sammelte Schriftliches aus dem Erleben des Krieges unterschiedlichsten Inhalts und stellte das Ganze nach einem höchst komplizierten System zu einem kollektiven Tagebuch zusammen: »Echolot« (1993). Ihm schickte ich meinen Text »Bannführer im Bannkreis«, in dem ich unseren Otto – ohne Namensnennung – auf sieben Seiten ganz tellheimmäßig in die Pfanne haue. Er wurde angenommen und befindet sich als Zwischentext in Band 1, S. 537–543. Der erste Teil des Gesamtwerkes »Echolot« umfasst vier Bände im Schuber, die ich vom Verlag Albrecht Knaus geschenkt bekam. Mein früherer Sportsfreund Hans Müller, gewesener Gefolgschaftsführer der Motor-HJ, war näher dran gewesen am Bannstab. Ich versäumte nicht, den derzeitigen Spediteur in Krefeld nach Sexismus des Bannführers zu fragen. Stammführer Ihle und er, schrieb er am 29.12.1993 zurück, obwohl keine Freunde vom Bannführer, hätten von solchen Eigenheiten Ottos nichts bemerkt. Vielleicht hätte Otto an mir nur einen Narren gefressen gehabt. Narren gefressen? Wann denn? Woher denn? Er nahm mich als Person erstmalig im Kreishaus als von ihm dahin bestellte neue »Presse« wahr. Die bevorstehende Veröffentlichung des bannigen Fauxpas bei Kempowski bekümmerte meinen Briefpartner sehr, nicht wegen des Bannführers, sondern wegen des Ansehens unserer Jugendorganisation. Hans Müller schrieb mir: »Bekommt unsere HJ bei Dir auch nur schlechte Noten oder bist du Realist und ehrlich genug, um auch die schöne Zeit und die Anständigkeit dieser Jugend zum Ausdruck zu bringen?« Aber ja doch, Hans!!! »Das, was heute über die HJ zu lesen ist, ist eine einzige Klage. Dagegen wehre ich mich. ... Was heute an Jugendkriminalität anfällt, ist doch wohl haarsträubend und hat es bei uns nicht gegeben.« Wie wahr!!!

Am 9. Oktober meldete ich meiner Lieblingstante Anna brieflich, unter meinem letzten Artikel habe mein Kürzel R. R. gestanden. Doch zu welchem Preis!? »Ich habe wegen diesem Artikel Mama mit einem Berg Kohlen auf der Straße im Stich gelassen. Die Hausgemeinschaft hat ihr getreulich geholfen, die Kohlen in den Keller zu bringen.« Der nächste Zwist war vorprogrammiert. Der Beitrag zur Ringtagung der Führerinnen »Haltet eurer Herzen Feuer heilig!«. Mutter brauchte Hilfe bei der große Wäsche und schrie verzweifelt herum: »Zieh doch noch janz hin zu dein Bann!« Und das hätte ich wohl einrichten können. – Einige Zeit leisteten Oberstufenschülerinnen einen Arbeitseinsatz in der Knäckefabrik am Ihlekanal. Dahin zu radeln hieß: um fünf Uhr aufstehen und bis 14 Uhr Tüten kleben, dann erst alles andere ... Kurz nach dem Krieg wird auch meine Mutter da arbeiten, auch in Nachtschicht. Das Schönste an der Knäcke war für sämtliche Burger Arbeitnehmer das Duschen, das noch kein Standard war. – Am 10. November verkündete ich eine Wende: »Ich habe in der Schule haushoch versagt, eine Bio-Arbeit nach der Stunde nicht abgegeben,« in Ediths Augen der Gipfel der Feigheit. »Ich hatte einmal gefehlt, also die Hälfte verpasst, und den Rest vor Schreck vergessen.« Es ging nicht anders, als sich auszuklinken. »Aber lange kann es nicht mehr so weitergehen, dass ich jeden Tag bis nachts um zwölf über Zetteln und Büchern sitze und trotzdem nur die Hälfte schaffe. Ich muss für die Presse schreiben, ich muss Schularbeiten machen, ich muss meine Schar führen, und keins darf hinter dem anderen zurückstehen. Es gibt keinen Ausweg, nur die Hoffnung, dass am 1. des nächsten Monats, Kriegsverhältnissen entsprechend, die Schulen geschlossen werden. Ich bin wahrlich gern zur Schule gegangen. Schulzeit ist eine schöne Zeit. Schule war meine Heimat, mein Leben! Und nun? Gehe zur Schule, wer mag! Ich habe keine Zeit mehr dazu!« Am 20. November 1944 schrieb ich: »Schularbeiten über Schularbeiten!

Wochenlang konnte ich schon nicht mehr zur Schriftleitung gehen. Heute traf ich W. Ha. Und was ist inzwischen los gewesen? Er habe die Absicht gehabt, mich zu einer Reservistentagung zu schicken. Romano Merk war da zur Lesung. Aber ich musste ja Schularbeiten machen! Zum Teufel mit diesem Pennal! Und weiter: »Ich glaube, der Krieg fängt an, mich aufzufressen. Ich bin zerstreut und nervös, lebe ständig in Hast, meine Arbeit zu schaffen. Ich könnte aus der Haut fahren, wenn ich durch die Stadt renne und mir torkelt jemand, der viel Zeit hat, vor die Füße. Früher war ich stolz, alles mit Humor ertragen zu können, nun bin ich so manches Mal dem Jähzorn nahe. Ein Gedächtnis habe ich überhaupt nicht mehr. Mein Gedächtnis ist auf dem Papier. Alles muss ich aufschreiben, und zum Schluss vergesse ich noch, nachzusehen, was ich aufgeschrieben habe. Manchmal weiß ich nicht mehr, wann ich ein Komma setzen muss, und finde aus Satzkonstruktionen nicht mehr heraus. Nun ist alles aus.« Leben im totalen Krieg mit vaterländischen Verpflichtungen bei all den Umständlichkeiten des Alltags war kräftezehrend! Mangelernährung, Schlangestehen, Hausarbeiten, Schularbeiten, Sondereinsätze, HJ-Dienst, Trauer um Gefallene und Vermisste, Fliegeralarm, Schlafentzug, Trauer um zerbombte Städte und verloren gegangene

Kunstwerke, das war zu viel der Belastung, auch für junge Leute im Windschatten allen kriegerischen Geschehens hier in Burg.

Trotzdem muss es noch ziemlich lebendig weitergegangen sein. Kurz vor Advent 1944 war in der stillgelegten Gastwirtschaft »Zur Post« eine Spielzeugausstellung zu bewundern. Sie war das Ergebnis der Zusammenarbeit des BDM mit der Wehrmacht. Während wir ihre Strümpfe stopften, hatte Hildemaries Mann mit den Soldaten in der Neuen Kaserne gewerkelt und zu Weihnachten schönes Holzspielzeug für Kinder der Flüchtlinge hergestellt. Alle Arbeiten waren geschmackvoll herum drapiert um die mit Familienwappen schön geschnitzte Wiege für Hildemaries Baby. Beneidenswert: Ein Kind, das in eine Familie mit Tradition hineinwachsen kann, eine Familie, die der Welt etwas bedeutet, und wenn nicht der Welt, dann aber zumindest sich selbst ...! Die Ausstellung gehörte zu einer Großveranstaltung in der Aula der Clausewitzschule, bei der alle die vom Reichsjugendführer im Januar eingeforderten Sonderbemühungen von der Gebietsmädelführerin Ilse Macke (?) im Beisein der Größen von Partei und Wehrmacht gewürdigt wurden. Spielschar, Arbeitskreis Musik, Volkstanzgruppe, alle stellten ihre Arbeit vor ... Mir war entgangen, welche Vielfalt es gab, und

ich konnte auch nicht lange aufmerksam zu-
hören, denn unversehens wurde ich zu meinem
ersten öffentlichen Auftritt aufgefordert. Während die Veranstaltung lief, beauftragte mich
Uschi, dem Auditorium auf dem gymnasialen
Podest vom Einsatz in unserer Gruppe beim
Strümpfestopfen zu berichten. So ein Schreck!
Aber klar: Wozu hatte Uschi eine Luisenschülerin unter den Scharführerinnen in ihrer
Gruppe!? Erschrocken tauchte ich eine Weile,
Kopf auf dem Schoß, nach unten ab und hielt
mir die Ohren zu, um mich zu besinnen. Uschi
fragte besorgt bei meinen Platznachbarn nach,
ob ich in Ohnmacht gefallen wäre. Ich beschloss,
mich auf dem Podium mithilfe von Erfahrungen
in meiner engeren Familie aus der Klemme zu
ziehen. Mein Opa Maxe von Neujork trug auf
Jahresversammlungen des Kanarienzüchterver-
eins bei Klawittern gelegentlich eigene Knittel-
verse vor. Die von der Radpanne auf dem Weg
nach Thale kannte ich auswendig. Daraus leitete
ich ab: Den besten Erfolg als Publikumsunter-
halter hat man, wenn man Pechvogel ist und
sich darüber lustig macht. Kurz: Ich berichtete
vom Strümpfestopfen für Soldaten in Uschis
Gruppe mit Singen und Geschichtenvorlesen
und erzielte einen großartigen Lacherfolg, als ich
zum Schluss sagte: »Das hat mir so viel Spaß gebracht, dass ich zuletzt dachte, jetzt stopfe ich zu

Hause erst mal meine eigenen.« ... Die Gebietsmädelführerin in ihrem Schlusswort bedachte
mich dafür mit einem Extralob auf Kosten einer
Näherin von Karstadt, die den ganzen Tag nähte
und danach nicht noch stopfen mochte, sich
aber durchrang zu sagen: »Na ja, man machte
es ja gerne. Es war ja für Soldaten ...!« Ilse mag
das als schlüpfrig empfunden haben.

Den Rest des Jahres und den Rest der Seiten
im Tagebuch brauchte ich, um über mich als
»schwankes Rohr im Wind« nachzudenken.
Ich war mir selber zu kompliziert. Immer dasselbe: »Wenn ich das jeweilige Thema nur ganz
kurz überdenke, finde ich gleich wieder etwas,
das dem entgegensteht.« Wie gerne hätte ich
ein echtes Liebeserlebnis gehabt, konnte es aber
nicht brauchen, ehe ich nicht die Welt gesehen
hätte! Aktuelle Techtelmechtel ließ ich nicht zu.
Und keine Beratung – außer der von meiner
Tante Anna: »Man muss warten, bis der Richtige
kommt.« Der würde mir dann auf die Schulter
tippen, stellte ich mir vor, und sagen: »Hier bin
ich!« Mein Ehemann müsste klüger und kulti-
vierter sein als ich. So wie Herbert Schultze oder
Romano Merk. Ist das normal, dass ich mich
mit einer derartigen Leidenschaft den U-Boot-
Fahrern verschrieb und mit derselben Leidenschaft zur den Schauspielern übergegangen bin?

Kommt das daher, dass U-Boote in der Kriegs-
berichterstattung kaum noch vorkommen, seit
so viele U-Boot-Fahrer in ihren »stählernen
Särgen« den Tod gefunden haben, sogar zwei
Söhne des Großadmirals Dönitz selbst? Das
wäre schnöder Verrat. Derzeit liebte ich in Gedanken einen Feldpostsoldaten, weil er Leutnant
zur See war. Das allein konnte doch aber die Ga-
rantie nicht dafür sein, dass er »der Richtige«
war? Heiligabend von den Großeltern kommend, blieb ich auf der Blumenthaler Straße vor
der katholischen St. Johanneskirche stehen, wo
die Gemeinde gerade »Freue dich, o Christen-
heit« sang, und dachte über mein Verhältnis
zum Transzendenten nach. Der letzte Satz im
Tagebuch lautet: »Ich bin überhaupt verrückt.«
Danach gibt es keine Aufzeichnungen mehr
und auch keine Briefe mit Erlebnisberichten an
Tante Anna.

Horrorbotschaft Holocaust

Wie es nach meinem Erinnern zeitlich weiterging, habe ich schon ausführlich verewigt in zwei eigenverantworteten Buchausgaben: »Die Berichterstatterin von Burg«, BoD, Norderstedt 2000 und »alles in Scherben ... das letzte BDM-Mädchen vor der Elbe«, BoD, Norderstedt 2003. Hier handelt es sich um die Art und Weise der »demokratischen Umerziehung« durch Stalinisten unmittelbar nach Kriegsende und Gründe meines Abschieds von meiner Heimat in der Sowjetsphäre. Das Kapitel zum Abgesang der Banndienstelle aus »Scherben«, S. 83–90, wiederhole ich hier gerafft, um deutlicher herauszuarbeiten, was m. E. der Knüller ist: Wie ich es sehe, wurde unsere Klasse 7 Zeuge, wie die Nachricht vom Holocaust über die Banndienststelle 66 an die Heimatfront kam.

Anfang April 1945 wurde Klasse 7 geschlossen auf einen Lehrgang für Erste Hilfe, wahlweise Großkücheneinsatz, nach Stendal in ein Wehrertüchtigungslager einberufen. Es befand sich in einer sehr großen, für Burger ungewöhnlich hohen, mehrstöckigen Schule in Bahnhofsnähe. Die Kurse begannen, doch unser Stendalaufenthalt dauerte nur wenige Tage. Nach einem Bombenangriff, der die Einnahme der Stadt durch US-Amerikaner vorbereiten sollte, schickte man uns wieder nach Haus. Ein endlos langer Personenzug wartete gleich auf dem vorderen Gleis. Als wir kamen, war er schon voll. Wigberta erkundete für uns ein Abteil mit etwas freiem Platz, in das drückte mich der Schaffner als Letzte mit der Außentür hinein. Für die wehrertüchtigten Jungen waren Waggons ganz hinten reserviert, aber das Einsteigen dauerte und dauerte, denn es bedeutete ein sorgfältiges Aneinanderpacken von Menschen wie von Ölsardinen. Außer Gepäck mussten sich auch die Jungen in Gepäcknetze stapeln lassen. Unterwegs ließ der Schaffner ausgerechnet bei uns noch eine Gruppe Flüchtlinge mit Kind und Kegel, Sack und Pack zusteigen, vielleicht mit Bedacht. Für sie im überfüllten Abteil bei engster Tuchfühlung dennoch Platz zu schaffen, lief Klasse 7 zu großer Form auf. Durch höflich-resolute Anrede gingen die genervten Mitfahrenden darauf ein, ihr kreuz und quer zwischen ihnen am Boden liegendes Gepäck hervorzuzerren und in der Toilette stapeln zu lassen. Danach konnten alle besser stehen, ohne zum Glück bis Magdeburg auf die Toilette zu müssen. Unter den Mitreisenden

entstand eine Solidargemeinschaft, die Magdeburg singend erreichte. Klasse 7 Luisenschule:
Ganz große »Wandervogel«-Klasse!» Unter der
sowjetischen Besatzung 1945/46 werden diese
Schülerinnen nur dann zum Abitur zugelassen,
wenn sie für den Sieger der Geschichte, Stalin,
praktisch tätig werden, mit ihren Erfahrungen
aus der Hitler-Jugend, die Stalin-Jugend aufzu-
bauen – als Dank für Amnestie.

Das war der letzte Zug aus Norden«, hörte ich
unseren Schaffner beim Umsteigen zu einem
Kollegen sagen, für mich ein schicksalhafter
Moment. – In Burg kamen wir fast pünktlich
in den Bombenangriff auf den Fliegerhorst hinein. Dessen Datum steht fest: Es war der 10.
April. Die Sturmgeschütz-Schüler, unsere Tanzpartner vom »Seeschlösschen« vergangenen
Herbst, nahmen Abschied von Burg.

»Die Soldaten der Schule wurden am 10. April
wegen des schnellen Vormarschs der Ame-
rikaner auf die Elbe durch den Wehrkreis XI
alarmiert, infanteristisch ausgerüstet und zur
Kampfgruppe Burg umgegliedert. ... Major Alfred Müller, Kommandant der Kampfgruppe,
gliederte sich sämtliche in seinem Operations-
bereich befindlichen Wehrmachtseinheiten ein,
so dass diese innerhalb weniger Tage eine Stärke
von 8 000 bis 10 000 Mann erhielt. Müller orga-
nisierte seine Kampfgruppe wie eine Infanterie-

division.« Sie erhielt den Namen Infanterie-division Schill.[3]

Wir Stendal-Fahrerinnen wieder zu Hause in Burg! Beim Abschied auf dem Bahnhofsvor-platz rief ich denen, die in westliche Richtung davongingen, auf schwejksche Weise nach: »Auf Wiedersehen nach dem Krieg! Um sechse Kanal-brücke mit Steckkissen und Mauerstein!« – Ver-gewaltigung war bei »Russkis« ein Mittel erfolg-reicher Kampfführung, aber ich ließe mich doch nicht mit Windelnwaschen für ein Russenballig an meinen Weltreisen hindern! Gott hat mir diese Prüfung erspart, aber hier sei festgehalten, wie es nach Hörensagen auch noch laufen konnte. Meine liebe Mitschülerin mit dem besonders dif-ferenzierten Innenleben einer Lyrikerin, Mädel-ringführerin mit weißer Schnur, Offizierstochter, ohne Eltern, ließ sich vom Charme eines der zwei russischen Besatzungsoffiziere verführen, die bei ihrer Oma im Quartier lagen. Aber er verließ sie. Angeblich wurde er zurück in die Heimat versetzt bzw. hat er sich dahin versetzen lassen, ohne sie mitnehmen zu wollen oder zu dürfen. Von einer Reise nach Russland auf seinen Spuren kam sie unverrichteter Dinge wieder nach Haus zu-rück. Was mag sie als deutsche »Braut« dort De-

---

3   Günther W. Gellermann: *Die Armee Wenck, Hitlers letzte Hoffnung.* Koblenz 1984, S. 215.

mütigendes erfahren haben? Sie fühlte sich wahrscheinlich entehrt, ohnmächtig und auf Dauer deprimiert. Die Sage ging, sie habe das Russenkind mit Hilfe der Oma im Haus geboren und sofort im Ofen verbrannt.

»Um sechse Kanalbrücke und ade!« Auf dem Weg vom Bahnhof durch die Schartauer stießen Ille aus der Siedlung-Ost und ich bei der Post auf einen Pulk unserer ach so »eingebildeten« Achtklässlerinnen, die aufgekratzt und ungewohnt leutselig auf uns zustürzten, um uns mitzuteilen: »Die Schulen sind geschlossen. Ihr braucht da gar nicht erst wieder hinzugehen. Wir sind jetzt Fabrikarbeiterinnen – ihr seid jetzt Fabrikarbeiterinnen. Abitur abgesagt, alle Vorbereitungen umsonst. So herrlich weit haben wir es gebracht!« Möglich, dass wir plötzlich Bindungslosen ein, zwei Tage benötigten, um uns zu berappeln und einen vernünftigen Entschluss zu fassen – oder auch nicht. So kann es der 11., 12. oder 13. April gewesen sein, als Klasse 7 die Banndienststelle aufsuchte, um Bannmädelführerin Hanncdore nach einer Einsatzmöglichkeit zu fragen. Auf dem Hinweg in der Franzosenstraße hörte ich ab und zu erstes Artillerieschießen in der Luft. Es kam von jenseits der Elbe und würde die Einwohnerschaft bald für etwa sieben Tage in die Luftschutzkeller treiben. Fabrikarbeiterinnen mochten wir nicht sein, eher Hilfsschwestern beim Roten Kreuz, Vorbild Florence Nightingale. Wozu wären wir sonst zum GD-Kursus in Stendal gewesen?

Wir fanden Hannedore in einer psychischen Ausnahmesituation vor, fassungslos, zitternd, schwer atmend. Soeben war sie telefonisch über den Holocaust informiert worden und berichtete: »Unsere Partei hat in den besetzten Ostgebieten, da, wo wir nicht hingucken konnten, Verbrechen unvorstellbaren Ausmaßes begangen und schreckliche Schuld auf uns geladen. Darum fürchte ich um mein Leben.« Auf unser Erschrecken fügte sie schnell hinzu: »Aber ihr mit 17 Jahren, euch kann nichts passieren, ihr habt Amnestie.« »Verbrechen unvorstellbaren Ausmaßes? Schreckliche Schuld? Blödsinn! Kennt man doch! Alles Feindpropaganda!« So versuchten wir unsere oberste Führerin zu beruhigen. Ja, um mit ihr in gleicher Weise gefährdet zu sein, wollten wir sofort in die Partei eintreten. »Hannedore, hole die Anmeldeformulare!« »Ach«, sagte sie, »was sollen denn die Dinger hier herumliegen!« Das hieß, ohne dass ich es erkannt hätte: Auf der Banndienststelle »Bethanienschloss« war Schluss für immer! Ende der Ära HJ! Mit dem »heiß geliebten Führer« hatte ich schon abgeschlossen, als er seinen treusten Anhängern, der »Leibstandarte SS Adolf Hitler«, diesen Ehrentitel aberkannte, weil die aufgeriebene Kampfeinheit die Rote Armee nach Ostpreußen hineinließ. Was denkt der denn, wer er ist!? Mehr als für ihn sterben konnten sie doch nicht tun! Der Rest Führertreue erledigte sich für mich nach seinem Selbstmord von selbst, als bekannt wurde, dass er eine Frau im Hinterzimmer hatte, also ein gewöhnlicher Sterblicher war. Das Spirituelle an ihm war Täuschung, wenn nicht Selbsttäuschung gewesen. Keinesfalls war er uns von Gott, der »Vorsehung« bzw. Kaiser Otto vom Himmel gesandt. Ernüchternd!

Nazi oder nicht – jetzt hätte ich die Bannchronik als Geschichtszeugnis vor der Vernichtung retten müssen. Aber wohin damit? Doch nicht in Mutters Zweieinhalbzimmerwohnung? Bald sollen der ganze Vorplatz und die Bethanien-Straße von Akten der Banndienststelle übersät gewesen sein. Die neuen Ideologen gingen gründlich zu Werke – werden aber ähnlich enden ...

Die Nachricht von der industriellen Ermordung von 6000000 Juden durch die NS-Partei war eine Todesandrohung für alle großen und kleinen Parteigenossen. Mit der Roten Armee kamen nicht nur die Mörder der Romanows, die blutigen Bolschewisten und die Genickschuss-Experten der stalinschen Säuberungen auf uns zu, sondern ganz einfach aufgereizte Rächer, deren Land wir brandschatzten, deren

Bevölkerung wir dezimierten und die an den Stätten unserer deutschen Verbrechen vorübergezogen waren.

Leider versäumte es meine Klasse 7, Hannedore nach der Person des Anrufers zu fragen. Wer könnte es gewesen sein? Ich unterstelle: Es war ihre Vorgängerin Hildemarie Köllner! Hildemaries Mann, der Holzschnitzer aus der Neuen Kaserne, war mit der Garnison zur Wenck-Armee ausgerückt. Dort stießen die hier stationiert gewesenen auf Truppeneinheiten, die aus Russland zurückgeführt wurden und Zeugen oder sogar Mittäter gewesen sein könnten. Also denke ich mir den Weg der niederschmetternden Nachricht für Burger so: Von der Wenck-Armee über das Ehepaar Köllner zur Banndienststelle und von da an alle anderen Burger Ämter. Hannedores Reaktion, die wir erlebten, sagt m. E. deutlich aus, dass das Ausmaß der Verbrechen im Altreich so nicht bekannt gewesen war. Wer sollte denn auch die teuflische Fantasie gehabt haben, sich industrielles Töten von Menschen in Gasöfen vorzustellen zu können!?

Die Panik, die die Nachricht vom Völkermord beim Anrücken der Rächer in Burg auslöste, ist wohl eine Erklärung für das, was bald Geschichtsschreibung geworden ist. Oberbürgermeister Kurt Lebenstedt soll betrunken durch die Straßen gelaufen sein und zum Siegen aufgerufen haben. Deutlich überfordert, musste er zu bevorstehenden Kapitulationsverhandlungen abgelöst werden, obwohl immer noch todeswürdig war, an Kapitulation überhaupt zu denken. Fabrikant Siegfried Stöckel vom schönen Haus in der Deichstraße, auf den der Verhandlungsposten zukam, soll in Ängsten mehrere Tage stocksteif im Bett verbracht haben. Wer hinterher glaubt, darüber geringschätzig urteilen und spotten zu können, sollte sich mal kurz selbst in die Lage versetzen, nach fünfeinhalb Jahren Krieg, mit Menschheitsverbrechen des Vaterlands auf den Schultern, einer als ebenso verbrecherisch bekannten, augenblicklich moralisch triumphierenden Siegermacht als deutscher Gesprächspartner zu Kapitulationsverhandlungen persönlich entgegentreten zu müssen ...

Bannführer Otto Hesse soll über die Elbe geflohen sein. Sich in seiner alten Wehrmachtsuniform unter die aufgelösten Truppenteile der Wenck-Armee zu mischen, war wohl ein Leichtes. Mehrere Tage lang durchquerten Massen junger Soldaten mit intelligenten, stillen, frohen Gesichtern in lockerer Ordnung von der Koloniestraße kommend die Stadt, um weniger belastete südliche Elbübergänge zu erreichen und statt in russische in amerikanische Gefangenschaft zu gehen. Die große Elbbrücke bei Magdeburg war gesprengt. Wie Bannführer Hesse nun aber mit Frau und vier Kleinkindern über die Elbe hätte kommen können, kann ich mir noch immer nicht vorstellen.

Gerne würde ich wissen, wie Bannmädelführerin Hannedore die nächste Zeit überstehen konnte. Führende Altgenossen der Burger KPD setzten auch noch das unbedeutendste Mitglied der NS-Partei einem Kriegsverbrecher gleich, der den Tod verdiente. DKP-Altgenosse Gerhard Schindler, stolzer Zuträger des NKWD, startete Mitte 1945 Mai eine Orgie von Verhaftungen, der das Leben von 240 Mitbürgern zum Opfer fiel. Unser Nachbar Walter Pirius vom schönen Haus an der Ihle war darunter, weil er NS-Blockwalter gewesen war, der bei Fliegeralarm auf unseren Häuserblock aufpassen musste, und desgleichen Annelieses Vater, Fleischer Hänsel. Eine große Fluchtwelle nach Westen setzte sich in Bewegung, und für die, die blieben, war Burg ohne ihre Verwandten und Freunde, ohne die gewohnten Handwerksbetriebe und Einrichtungen nicht mehr ihre vertraute Heimatstadt.

Was ich hier hohen Alters zur Ergänzung der Burger Regionalgeschichtsschreibung über den BDM erzähle, ist längst wissenschaftlich aufgearbeitet, z. B. von einer Berliner Soziologin in den »Potsdamer Studien«, die ausgerechnet Reese heißt, Dr. Dagmar Reese, nicht Hannedore. Sie befragte viele Ehemalige, die dem BDM gern angehört hatten, nach den Motiven entsprechend ihrer Herkunft und gab ein Buch dazu heraus, Titel: »Straff, aber nicht stramm – herb, aber nicht derb. Zur Vergesellschaftung von Mädchen durch den Bund Deutscher Mädel im soziokulturellen Vergleich zweier Milieus«, Weinheim und Basel 1989. Eine Verwandtschaft mit unserer Bannmädelführerin besteht nicht, und Hannedore Reese ist der Autorin auch bei ihren Recherchen nicht bekannt geworden.[4]

4   (Mail »Vermittlung« 09.95.2023)

Abgesang von Nachbarin Martha

Nach dem Zusammenbruch der Fronten und des III. Reiches warteten vier Kriegerfrauen in »Ihle 13« auf die Rückkehr ihrer Ehemänner aus russischer Gefangenschaft. Mein Vater kam als Letzter zurück, 1950, nachdem er über vier Jahre als Maurer in Russland hatte Wiederaufbauarbeit leisten müssen, zeitweilig in Krasnogorsk, »Kohlenpott«. Kriegsgefangene nach Kriegsende einzubehalten, verstößt gegen das Völkerrecht. Also versetzten die Sowjets alle Männer, die sie beruflich gebrauchen konnten, vorübergehend in den Status von Kriegsverbrechern. 25 Jahre Straflager wurden festgelegt für den Diebstahl eines russischen Huhns. Die spinnen, die Russen! Vier Jahre waren wir ohne Lebenszeichen von Maurer Willy, zehn Jahre nach Kriegsende, 1955, holte Bundeskanzler Konrad Adenauer die Letzten in die Heimat zurück.

Unsere Nachbarin Martha, ein Stockwerk über uns, hatte mit ihrem Gustav, Beruf Posthelfer, das größte Glück. Schon wenige Wochen nach Waffenstillstand kam ein junger Leutnant ins

Haus und überbrachte einen Brief ihres Mannes, in dem er schrieb, der Überbringer sei nur ein Vorbote, er selber werde auch entlassen und bald nach Hause kommen. Martha möge den jungen Mann auf seinem Heimweg für ein paar Tage aufnehmen, ihn sich ausruhen lassen und gut füttern, denn er habe Schweres erlebt. Unvergesslich für mich, wie unsere Nachbarin in vertrauter Heimatmundart (Klasse 7 sagte Burger Sprachverbrechen dazu) die Hausgemeinschaft darüber unterrichtete: »Ich habe 'n jleich sein Zeuch jewaschen. Pottschwart! Uff'n Feuerherd. War jo keen Jasdruck da. Un nu schlafte in Justaffen sein Bette. Aber: Jut futtern? Wovon denn? Wie Täfe sich des woll denkt ...!«

Zum Aufpäppeln eines entkräfteten jungen Mannes gehörte für Martha auch ein junges Mädchen, und so schickte sie ihn eines Tages zu mir, eine Treppe tiefer, dabei dachte die Herzensgute auch an mich und mein Glück. »Chotte nee doch! Kann een leid dun, de Jurend von heute!« Gustav und sie hatten es damals viel besser!

Marthas Zufallsgast war ein Tellheim, ein seiner Ehre beraubter deutscher Soldat, in danieder liegender Volkswirtschaft ohne erlernten Beruf, der überlegen musste, wie er von nun an seinen Lebensunterhalt bestreiten könnte. Zur Unterhaltung am Esstisch in unserer Wohnstube führte ich ihm alle meine Bücherschätze vor.

Da kam ihm der Gedanke: Vielleicht versuche ich es als Journalist? Also habe ich ihm »Wie schreibe ich einen Zeitungsartikel?« und die beiden Bände »Dovifat« aus der Gebietsredaktion für den Heimweg geschenkt.

Ruth Möller, geb. Reimann mit Grüßen an die Landsleute zu Haus, Glückstadt, im Februar 2024.